学位论文编辑排版与答辩
实用教程 微课视频版

姚盈 霍然 ◎ 编著

U0362253

清华大学出版社

北京

内 容 简 介

本书共 5 章，分别介绍论文格式编排规范、论文编辑排版技术、参考文献自动编号与引用、论文提交技术及论文答辩。重点、难点配有操作演示视频，还配有论文参考模板。

本书主要依据 GB/T 7713.1－2006 和部分院校学位论文撰写参考规范，紧密结合学位论文实际的撰写过程编写而成，旨在指导学生查阅国标和规范，学会 Word 高级编辑技术，实现论文技术用语准确，符号统一规范，标题、图、表、文献编号自动完成，交叉引用无误，答辩表现得体。学习本书可以为今后的学习和工作打下良好的文字编辑与表达基础。

本书是指导学生按规范完成学位论文的参考书，也可作为开设博雅、自主发展等课程的教材，还可为各类读者编辑科技论文提供参考，并可作为其他对 Word 感兴趣读者的参考。

图书在版编目（CIP）数据

学位论文编辑排版与答辩实用教程：微课视频版 / 姚盈，霍然编著. —北京：清华大学出版社，2021.3（2024.8 重印）

ISBN 978-7-302-57695-2

Ⅰ. ①学…　Ⅱ. ①姚…　②霍…　Ⅲ. ①学位论文–写作–教材　②学位论文–论文答辩–教材　Ⅳ. ①G643.8

中国版本图书馆 CIP 数据核字（2021）第 044162 号

责任编辑：陈景辉
封面设计：刘　键
责任校对：徐俊伟
责任印制：丛怀宇

出版发行：清华大学出版社
　　　　　网　　　址：https://www.tup.com.cn, https://www.wqxuetang.com
　　　　　地　　　址：北京清华大学学研大厦 A 座　　　　　邮　　编：100084
　　　　　社　总　机：010-83470000　　　　　　　　　　邮　　购：010-62786544
　　　　　投稿与读者服务：010-62776969, c-service@tup.tsinghua.edu.cn
　　　　　质 量 反 馈：010-6277201，zhiliang@tup.tsinghua.edu.cn
　　　　　课 件 下 载：https://www.tup.com.cn, 010-83470236
印 装 者：天津安泰印刷有限公司
经　　销：全国新华书店
开　　本：185mm×260mm　　　印　张：12.5　　　字　数：298 千字
版　　次：2021 年 4 月第 1 版　　　　　　　印　次：2024 年 8 月第 5 次印刷
印　　数：5001～6200
定　　价：46.00 元

产品编号：088012-01

前　言

　　学位论文是学生获得学位必须完成的环节，对论文内容和格式均有严格要求。国家对学位论文质量的要求越来越高，论文的格式规范与否影响的不仅是论文的质量，甚至是能否正常获得学位。

　　本书实用性强、受众面广，既可作为撰写学位论文、课程设计报告、社会实践报告时的自学参考书，也可作为开设"公共必修课程""博雅教育课程"或"自主发展课程"的教材，还可以作为各类科技工作者编辑科技论文的参考用书。

　　通过本书的学习，读者可了解论文撰写过程中要遵循的国标、规范，提高对 Microsoft Word 的综合应用能力，按规范完成论文编辑排版，了解如何安排答辩事宜，并实现论文技术用语准确，符号统一规范；标题结构合理，编号自动导航；图表题注有序，引用准确无误；答辩准备充分，表现礼貌得体。最终达到减少后期整理工作量和差错率，提高论文编辑排版及答辩质量的目的。

　　全书共 5 章。

　　第 1 章　论文格式编排规范。介绍撰写学位论文要遵循的国标及规范，列举说明撰写过程中可能遇到的各种格式问题。

　　第 2 章　论文编辑排版技术。按撰写论文的实际步骤，详细叙述 Word 在编辑、排版中的操作要领；可能遇到的问题及解决方法，包括 Word 各级标题、图、表、公式的自动编号与交叉引用等。

　　第 3 章　参考文献自动编号与引用。详细叙述如何运用 Word 引用功能进行参考文献自动编号，解读中外文献引著规范。

　　第 4 章　论文提交技术。介绍论文提交过程中的注意事项及方法。

　　第 5 章　论文答辩。介绍答辩演示文稿的制作特点，答辩准备和答辩礼仪。

　　为了方便读者自学，重点章、节配有操作视频，详细演示操作步骤，讲解注意事项，本书配有中文和外文数字编号的论文参考模板、PPT 演示文稿、参考教学大纲和授课计划等。

　　本书主要依据 GB/T 7713.1－2006《学位论文编写规则》、其他相关国标、部分院校学位论文撰写参考规范及出版业的行业规范要求，结合论文从撰写到答辩的实际过程及 Word 具体操作方法编写而成，内容条理清晰、简洁实用、图文并茂、描述清楚。

　　人靠衣装马靠鞍。如何完成一篇优秀的论文？内容是关键，编辑排版也很重要。编辑排版就像衣服，同一个人穿上不同的衣服，会给人带来不同的感觉。给读者留下美好的第一印象就是我们的目的。希望本书能抛砖引玉，给广大读者带来一些启发，在帮助学生提高学位论文质量的同时，也为今后著书立说、发表文章及撰写工作报告、技术文件等提供便利。培养学生养成先学习规范和技术，再进行具体工作的习惯，养成规范、严谨、缜密的工作作风，为今后的工作、学习打下良好的文字编辑与表达基础，为全面提升能力添砖加瓦。

南京师范大学原党委书记胡敏强教授：《学位论文编辑排版与答辩实用教程（微课视频版）》通俗易懂，通过讲解大量案例的方式，教大家快速掌握知识和提高论文撰写效率。成果质量和答辩水平是每位大学生撰写毕业论文的必备工具，相信大家深入研读之后，会收获良多。

特别声明：全书 http://www.xxx.com 和 https://www.xxx.com 均为虚拟网址，不支持实际访问与搜索，仅供展示。

感谢所有参考文献作者；感谢 Microsoft、腾讯 QQ、一唯科技等公司开发了功能强大、使用方便的软件；感谢"百度一下"提供了海量的学习资源。本书许多内容参考了"百度一下"热心网友提供的各种问题的解决方案。

本书在作者多年教学实践经验的基础上编著而成。由于作者水平有限，书中不妥和错误之处在所难免，恳请读者不吝赐教，将使用中发现的问题及时反馈，在此表示衷心感谢。微课视频及课程资源，请扫描下方及书中二维码即可观看和下载。

课程资源

扩展视频资源

作 者
2020 年 2 月

目　　录

绪　论

在指导学生撰写学位论文过程中，可以发现尽管许多中小学有计算机课程，但是由于课业繁忙，提交手写纸质作业较多，没有系统运用 Word 编辑大型文档的经验，使得许多学生在撰写毕业论文时，只会输入文字，不善于使用 Word 的各种编辑功能，也不知道撰写论文应遵循哪些国标规范。为了提高学生论文编辑排版的质量，我们查阅大量国家标准、多个院校的学位论文撰写参考规范及出版业的行业规范，认真系统学习 Word 使用方法，总结多年教学实践经验，将与撰写学位论文相关的文档编辑功能归纳总结，编写成书。

完成学位论文，内容最为重要，编辑排版也必不可少。特别是理工科论文，对量、单位、符号、数学公式、外文字母、数字等都有严格的规定，使用不当会造成歧义。因此撰写论文时首先要学习规范和要求，然后利用 Word 编辑技术，提高编辑质量和效率。Word 提供了强大的编辑排版功能，可以设置多种文字、段落的样式，添加自动标题，自动生成目录，为图、表、公式及参考文献自动编号。

希望通过本书的学习，学生能：

（1）遵循国标、规范撰写论文；

（2）学会插入不同格式的页码、页数；

（3）学会标题、图、表、公式自动编号、自动更新及交叉引用；

（4）学会使用导航、审阅、查找等功能；

（5）学会参考文献自动编号与交叉引用，学习中文及外文文献的引用规范；

（6）学会论文提交的方法与技巧；

（7）了解论文答辩过程、演示文稿制作要点及礼仪规范。

当今社会文字处理已成为日常学习、工作中必须掌握的基本技能，希望学生在实践中不断提高规范意识，提高 Word 应用能力，提高工作效率，顺利完成学位论文，也为今后著书立说、发表论文及撰写工作报告和技术文件等提供便利，为今后的学习和工作打下坚实的基础。

第1章 论文格式编排规范

撰写学位论文，首先应认真学习学校、学院"学位论文撰写参考规范"及下列国标：

GB/T 7713.1－2006《学位论文编写规则》；

GB 3100－1993《国际单位制及其应用》；

GB/T 3101－1993《有关量、单位和符号的一般原则》；

GB/T 3102.11－1993《物理科学和技术中使用的数学符号》；

GB/T 6447－1986《文摘编写规则》；

GB/T 7714－2015《信息与文献 参考文献著录规则》；

GB/T 15834－2011《标点符号用法》；

GB/T 15835－2011《出版物上数字用法》；

CY/T 35－2001《科技文献的章节编号方法》。

不同专业，还应学习下列国标（由于专业众多，无法全部列出）：

GB/T 3102.1－1993《空间和时间的量和单位》；

GB/T 3102.2－1993《周期及其有关现象的量和单位》；

GB/T 3102.3－1993《力学的量和单位》；

GB/T 3102.4－1993《热学的量和单位》；

GB/T 3102.5－1993《电学和磁学的量和单位》；

GB/T 3102.6－1993《光及有关电磁辐射的量和单位》；

GB/T 3102.7－1993《声学的量和单位》；

GB/T 3102.8－1993《物理化学和分子物理学的量和单位》；

GB/T 3102.9－1993《原子物理学和核物理学的量和单位》；

GB/T 3102.10－1993《核反应和电离辐射的量和单位》；

GB/T 3102.12－1993《特征数》；

GB/T 3102.13－1993《固体物理学的量和单位》；

GB/T 4457～4460－2003《机械制图》；

GB/T 6988－2006《电气技术用文件的编制》；

GB/T 4728－2005《电气简图用图形符号》。

学位论文应包括：封面；中文摘要和关键词，英文 Abstract 和 Keywords；目录；绪论；论文主体部分第 1 章～第 n 章；结束语；参考文献；致谢；附录（图纸、程序等材料）等[1]3（注："[1] 3"代表第 1 篇参考文献，引用内容在该参考文献第 3 页）。论文的具体排列顺序按学校、学院要求。

1.1　论文前置部分

论文前置部分一般包括封面、封二、题名页、英文题名页；勘误页；致谢；摘要、前言（序言）；目录；图、表目录；缩略词、符号、术语表等。通常学校、学院对学士论文要求相对简单，硕士、博士论文前置部分项目较多，可参考 GB/T 7713.1－2006。

按论文或图书编页习惯，前置部分采用罗马数字单独编制连续页码。

1. 封面

封面的常规要求：

（1）封面应突出文字，标题字体较大，其他内容字体较小。尽可能使用学校、学院规定的统一封面，不宜随意修改封面的格式。

（2）封面应包含论文标题（一般不超过 25 字，尽可能少于 20 字），学校、学院、专业名称，论文作者姓名、学号，指导老师姓名、职称等信息。其他信息可根据学校、学院要求填写。

（3）有时为了便于盲审，论文提交时应将封面单独保存并上传。

（4）封面如果包含图片，应大小适中，布局美观合理，不影响文字。

（5）打印或另存为 PDF 文档前，应单击"视图"选项卡中"显示比例"选项组中的"单页"按钮，将封面置于"单页"显示状态，认真检查整体是否布局美观、合理。

（6）装订注意事项可查阅 4.3 节论文装订。

2. 摘要和关键词

摘要和关键词应在论文完成后根据论文内容撰写。

1）摘要

摘要页可包含：论文摘要、关键词、分类号等。

中文摘要一般为 300～600 字，英文摘要约 300 个实词。

摘要不宜插入图、表、公式及非公知公用的符号、缩略词、术语等。

为便于国际交流，摘要和关键词应翻译为外文，置于中文摘要页之后。

2）关键词

一般选取 3～8 个关键词，用显著字体另起一行，置于摘要下方。关键词应体现论文特色，表达意思清楚，在论文中有明确出处，尽可能采用《汉语主题词表》或各专业主题词表提供的规范词语。

关键词是表明设计研究主题内容的单词或术语。

词与词之间可用逗号或分号隔开，末尾无标点符号，如图 1-1 和图 1-2 所示。

> **关键词：**半车，可控悬架系统，可控阻尼器，结构解耦，主动和半主动控制

图 1-1　学生论文关键词示例

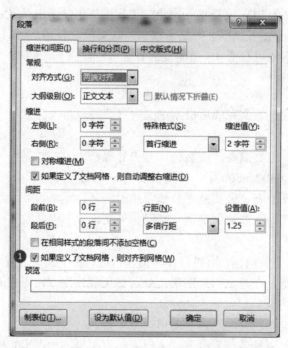

论文题名

摘要：_____

_____。图 X 幅，表 X 个，参考文献 X 篇

关键词：(3-8) _____ ；_____ ；_____ ；_____

分类号：(1-2) _____ ；

Title

Abstract：_____

Keywords：_____ ；_____ ；_____ ；_____

Classification：_____ ；

图 1-2　GB/T 7713.1－2006 中摘要、关键词示例

3）摘要和关键词参考格式

摘要、关键词的"字体""段落"按学校、学院要求，或参考表 2-5 设置。

如果摘要的英文部分显示行距过大，可单击"开始"选项卡中的"段落"选项组对话框启动按钮，在弹出的"段落"对话框中，取消勾选"如果定义了文档网格，则对齐到网格"复选框，如图 1-3 所示，单击"确定"按钮，即可微调行距，也有利于公式行距的调整。

图 1-3　如果定义了文档网格，则自动调整右缩进

为了醒目，"摘要"和"关键词"5 个汉字及其对应外文可设置为黑体或加粗。

3. 目录

"目录"在论文编辑完成后可自动生成，详见 2.2.6 节。

4. 操作练习与思考

读者目前掌握的 Word 自动编辑功能有哪些？

撰写论文要收集并阅读哪些国标？

查看教科书，观察页码、标题、图、表、公式及参考文献如何编号及引用。

封面应包含哪些内容，封面及标题要注意什么？

什么时候撰写摘要？摘要和关键词有什么要求？

1.2　论文主体部分

1.2.1　概述

论文主体部分一般包括：引言（绪论），第 1 章～第 n 章（包含图、表、公式、参考文献引文标注），注释，结束语（结论）及附录等。

按论文或图书的编页习惯，主体部分至论文结束采用阿拉伯数字单独编制连续页码。

绪论（引言）不能与摘要内容重复。

每章应另起一页，设置章标题段前分页，可实现自动分页，见 2.2.4 节一级标题（章标题）段落。如果双面打印，章标题宜置于右页。

主题突出，结构合理，层次分明，各级标题与内容相符，切忌文不对题。

段落不宜过长，一般在 10 行以内，段落过长，视觉效果差，令人乏味。段落也不宜过短，如 1～2 行，页面空白过多，影响美观。

句子不宜过长，应在适当位置断句。不宜连续使用多个逗号，结尾句号，也不宜均用句号。应使用书面语，避免口语。语句通顺，言简意赅。无病句或错别字，标点符号齐全、正确。无逻辑性错误，符合语法规范。

使用全国科学技术名词审定委员会审定公布的各学科规范名词和 GB 3100—1993 等文献规定的量、符号和单位。

新兴学科或无通用汉语译名的新名词、新术语，非公知公用的缩略词、量的符号和单位、公式、代号等，应在首次出现时加以说明。

同一个符号的含义，应全文统一。不宜一个符号代表多种含义，也不宜多个符号代表同一含义。

图、表、公式由于关系到自动编号"题注"与"交叉引用"，详见 2.4 和 2.5 节。

1.2.2　量、单位和符号

1. 量、单位和符号方面的规定

1）量的符号

（1）量的符号一般用单个拉丁字母或希腊字母，有时带有上标、下标或其他标记。无论其他文字字体如何，量的符号均为斜体（pH 值例外），符号后面不加标点符号（正常句子结尾标点符号除外）。如：体积 V，电压 U，电流 I 等。GB/T 3102.8—1993 中正体、斜体示例如图 1-4 所示。

> pH 是从操作上定义的。对于溶液 X，测量下列伽伐尼电池的电动势 E_X：
>
> $$参比电极 | KCl\ 浓溶液 | 溶液\ X | H_2 | Pt$$
>
> 将未知 pH(X) 的溶液 X 换成标准 pH(S) 的溶液 S，同样测量电池的电动势 E_S。则
>
> $$pH(X) = pH(S) + (E_S - E_X)F/(RT\ \ln 10)$$
>
> 式中 F 为法拉第常数，R 为摩尔气体常数，T 为热力学温度。因此，所定义的 pH 是量纲一的量[1]。

图 1-4　GB/T 3102.8—1993 中正体、斜体示例

（2）上标、下标：表示物理量符号的上标、下标为斜体，其他为正体。

①数字用作上标、下标为正体。如：有功计算负荷 P_{30}，$a^2 + b^2 = c^2$。

②代表量或变动性数字或坐标符号的上标、下标为斜体。如：能量 E_i（$i = 1, 2, 3$）、力的 y 方向分量 F_y。

③量的符号中为区别其他量而附加的、有特定含义的、非量符号和非变动性数字符号上标、下标为正体。如：电偶极矩 p_e、势能 E_P、宏观总截面 Σ_{tot}、转置矩阵 A^T、最大电压有效值 U_{max}。

④由于使用公式编辑器有时会无法编辑、不显示、行距变大或文字变小，所以简单公式、只有上标的量或只有下标的量，尽量不用公式编辑器，通过单击"开始"选项卡中"字体"选项组中的"下标" 或"上标" 按钮进行设置。

（3）不宜将元素符号、化学式作为量的符号使用。如：

①硫酸的质量不应写成 $H_2SO_4 = 20kg$，而应写成 $m(H_2SO_4) = 20kg$。

②铜的质量分数不应写成 Cu% = 80%，而应写成 $w(Cu) = 80\%$。

（4）统计学符号请参考 GB/T 3358.1—2009 输入。

2）量的表示法

表示量值时，量的单位应置于数值之后，数值与量的单位符号间留一小空隙。在表示摄氏温度时，摄氏度的符号℃的前面应留一小空隙；但是平面角度的单位度、分和秒，数值和单位符号间不留空隙。如：

应是 5 ℃，（不是 5° C 或 5℃）；

应是 5°5′5″，（不是 5° 5′ 5″ 或 5°5′5″）。

表示量的和或差时，宜用圆括号将数值组合，将共同单位置于全部数值之后，或者写成各个量的和或差。如图 1-5 所示，其中量 l、t、λ 为斜体，数字、运算符号、单位符号为正体。图中 l 为长度，单位为 m；t 为温度，单位为℃；λ 为导热系数，单位为 W/(m·K)。

> $$l = 12\ m - 7\ m = (12 - 7)\ m = 5\ m$$
>
> $$t = 28.4\ ℃ \pm 0.2\ ℃ = (28.4 \pm 0.2)\ ℃\ (不得写成\ 28.4 \pm 0.2\ ℃)$$
>
> $$\lambda = 220 \times (1 \pm 0.02)\ W/(m·K)$$

图 1-5　GB/T 3101—1993 中量的表示法示例

3）化学元素和核素的符号

化学元素符号为正体，符号后不加标点符号（句子结尾的正常标点除外）。如：

$$\text{Ar} \quad \text{K} \quad \text{Sc} \quad \text{Fe}$$

核素的核子数（质量数）标于左上角。如：

$$^{16}\text{O}$$

分子中核素的原子数标于右下角。如：

$$^{16}\text{O}_2$$

质子数（原子序数）标于左下角。如：

$$_{65}\text{Tb}$$

离子态或激发态标于右上角。如：

离子态：Na^+，PO_4^{3-} 或（PO_4）$^{3-}$

电子激发态：He^*，NO^*

核激发态：$^{110}\text{Ag}^*$，$^{110}\text{Ag}^m$

4）电学和磁学的量和单位

按正弦规律变化的电学物理量，瞬时值用小写字母表示，有效值（均方根值）用大写字母表示，量的最大值用以 m 为右下标的大写字母表示，相量用在量的大写字母上方加一圆点表示。如：u 表示电压瞬时值，U 表示电压有效值，U_m 表示电压最大值，$\dot{U}_m$ 表示电压相量（最大值）。

5）单位的名称和符号

（1）量的单位符号无论其他部分字体如何，单位符号均为正体。除正常语法句子结尾的标点符号外，单位符号后不附加标点符号。单位符号应置于量的数值之后，并在其间空半格，如图 1-5 所示。如：应是 I=5 A，不是 I=5A。

（2）科技论文中表达量的值，在图、表、公式和文字叙述中，应统一使用国际单位制符号。中文符号只用于小学、初中教科书和科普书籍中。如：应是 I=5 A，不是 I =5 安培，或 I =5 安。

在没有数字的句子中，应用中文名称。如：应是"等待数秒"，不是"等待数 s"。

（3）不能在单位符号上附加其他标志，如加缩写点、上标、下标、复数形式，或在组合单位符号中插入化学元素符号等记号。如：应是 I_{max}=5 A，不是 I =5 A_{max}。

（4）单位符号一般为小写。如：m（米）、g（克）、s（秒），只有升的符号 L 例外。当单位名称取自人名，第一个字母为大写。如：A（安培）、V（伏特）、W（瓦特）、Hz（赫兹）。

（5）升的符号为"L"，小写"l"为备用符号。因为"l"易与阿拉伯数字"1"混淆，故单独使用时，宜用大写"L"。与词头连用时，可用小写（如 ml），也可用大写（如 mL），但全文应统一。

（6）SI 词头符号均为正体，词头与单位符号间不留间隙。词头不可以重叠使用，也不可以独立使用。如：应是 μm，不是 μ；应是 pF，不是 μμF。

（7）表示法定单位的倍数单位和分数单位时，应尽可能使数值在 0.1～1000。如：0.00456m 宜写为 4.56mm，20000g 宜写为 20kg，便于阅读。

（8）如果组合单位由两个或两个以上单位相乘构成，可表示为 N·m 或 Nm。如果单位符号也是词头符号时，必须特别注意。如：力矩的单位 N·m 或 Nm 表示牛顿米，不宜写成 mN（mN 是毫牛顿，不是米牛顿）。

（9）组合单位宜只用一个词头，尽量置于组合单位的第一个单位前。如：$k\Omega\cdot m$ 不宜写成 $\Omega\cdot km$。

（10）相除构成的组合单位，或乘和除构成的组合单位，词头应加在分子的第一个单位前，不加于分母，但是质量单位 kg 在分母中时例外。如：

① 晶格能单位是 kJ/mol（不宜写成 J/mmol）；

② 电场强度单位是 MV/m（不宜写成 kV/mm）；

③ 质量能单位是 kJ/kg，导线比热容的单位是 J/（kg·℃）。

（11）相除构成的组合单位一般采用 m/s 或 $m\cdot s^{-1}$ 两种形式之一表示，应全文统一；分母由两个以上单位组合构成时，分母中全部单位要置于括号中，以免引起歧义，单位符号间的比线（/）只能有一条。如：$t/（h\cdot m^2\cdot a）$。

（12）由于分数的输入需要使用公式编辑器，会影响行距，论文内容中有分数时，最好将分数置于一行，将分数线写为"/"，根号写为负指数。如：

① 用 m/s 或 $m\cdot s^{-1}$ 表示 $\dfrac{m}{s}$。

② 用 $1/\sqrt{3}$ 或 $1/\sqrt{}\,3$ 表示 $\dfrac{1}{\sqrt{3}}$。

（13）在图、表中用量与单位相比表示量及单位。如：（长度 l 的单位 m）l/m、（质量 m 的单位 kg）m/kg、（设备容量 P_N 的单位 kW）P_N/kW、（电流 I 的单位 A）I/A。

（14）不能把 ppm（parts per million）、pphm（parts per hundred million）、ppb（part per billion）、ppt（parts per trillion）等缩略词作为单位。

（15）统计学符号按国家标准 GB/T 3358.1－2009 的有关规定书写。

2. 量、单位和符号使用举例

量、单位和符号使用示例如表 1-1 所示。

表 1-1　量、单位和符号使用举例

正确写法	错误写法		原因简介
km	KM、kM、Km		k，m 小写正体
kg	KG、kG、Kg		k，g 小写正体
电压 220V	电压 220V，电压 220v		人名单位大写正体，数字正体
$t=2s$	t=2s，t=2S，t=2 秒		s 小写正体，科技论文建议不用中文单位，时间 t 斜体
$I_a=\dfrac{U_a}{R}$	$I_a=\dfrac{U_a}{R}$	$Ia=\dfrac{Ua}{R}$	a 下标正体，I，U，R 电流、电压、电阻物理量斜体
10t	10 吨	10T	科技论文用国际单位，不用中文单位，t 小写正体

3. 操作练习与思考

物理量用正体还是斜体表示？

哪些单位为大写？哪些为小写？哪些大写小写均可？

如何表示电磁学量？

单位的名称和符号应遵循哪些规范？

查看教科书，学习量、单位和符号的规范表达方法，对比自己论文并订正。

1.2.3　数学符号

1. 数学符号方面的规定

1）正体表示

（1）用正体字母表示有定义的已知函数。如：sin、exp、ln、Γ 等。

（2）用正体字母表示运算符号和缩写号。如：微分 d、偏微分 ∂、有限增量 Δ、极限 lim、行列式 det、最大值 max、最小值 min 等。

（3）用正体字母表示数学常数。如：$\pi = 3.141\ 592\ 6\cdots$、$e = 2.718\ 281\ 8\cdots$、$i^2 = -1$、$j^2 = -1$（在电工技术中常用 j 代替 i）。

（4）用正体字母表示已定义的算子。如：div、δx 中的 δ 及 $\mathrm{d}f/\mathrm{d}x$ 中的 d。

（5）用正体表示数字表中数。如：351 204，1.32，7/8。

2）斜体表示

（1）用斜体字母表示变量，如：x、y、z 等。变动附标，如 $\Sigma_i x_i$ 中的 i，函数中的 f、g 等。

（2）用斜体字母表示点 B、线段 CD 及弧 $\overset{\frown}{AB}$。

（3）用斜体字母表示在特定场合中视为常数的参数。如 c、d 等。

（4）用斜体字母表示用字母代表的数、一般函数以及统计学符号等。如：x、y、$\triangle ABC$、$f(x)$、概率 P、均数 $\bar{x}$。

（5）用黑斜体字母表示矢量（向量）、矩阵和张量符号。

（6）需要特别注意"矢量 $\boldsymbol{a}$ 的分量"即 a_x，a_y 和 a_z，与"$\boldsymbol{a}$ 的分矢量"即 $a_x\boldsymbol{e}_x$，$a_y\boldsymbol{e}_y$ 以及 $a_z\boldsymbol{e}_z$ 之间的区别。

3）其他注意事项

（1）函数的自变量通常置于函数符号后的圆括号中，函数符号与圆括号间无空隙，例如：$f(x)$，$\cos(\omega t+\varphi)$。如函数的符号由两个或更多字母组成，且自变量不含+、−、×、·或 / 等运算符号，有时圆括号可以省略，但函数与自变量符号间应留一小空隙。如：$\cos n\pi$、$\mathrm{arsinh}\ 2x$、$\lg b$。

（2）为了避免造成歧义，不应将 $\sin(x)+y$ 或（$\sin x$）$+y$ 写成 $\sin x+y$，因为后者可能被误解为 $\sin(x+y)$，括号不能省略。

（3）如果一个方程式需多行表示，宜在符号=、+、−、±、∓、×、·或 / 后断开，而且在下一行开头不重复这一符号。

（4）物理量中的矢量可写成数值矢量与单位相乘的形式。如：

$$\begin{array}{c}\overset{\text{分量}\quad\text{分量}\quad\text{分量}}{\underset{\displaystyle\underset{\text{数值 单位}}{\diagup\quad\diagdown}}{\overset{\displaystyle\overset{\text{数值矢量}}{\overbrace{}}}{F_x\quad F_y\quad F_z}}}\\ F=(1\mathrm{N},\ -2\mathrm{N},\ 3\mathrm{N})=(1,\ -2,\ 3)\,\mathrm{N}\\ \underset{\text{数值 单位}}{}\qquad\qquad \underset{\text{数值 单位}}{}\end{array}$$

这里矢量 F 为黑斜体，单位 N 为正体。

2. 数学符号的输入

1）圆弧符号的输入

按 Ctrl+F9 组合键，在出现域输入的灰色花括号中输入"eq \o(\s\up5(⌒),\s\do2(AB))"（不包含引号），然后选中输入的内容按 Shift+F9 组合键，就输入了 $\overset{\frown}{AB}$ 。在花括号中输入："eq \o(\s\up5(⌒),\s\do2(ABC))"，就输入了 $\overset{\frown}{ABC}$ 。

各种中文输入法均有软键盘，如图 1-6 所示，可以输入多种数学符号。

图 1-6　几种中文输入法的软键盘

如果屏幕上没有显示图 1-6 的输入法状态栏，右击屏幕下方状态栏中的红色"五"字图标 ，在弹出的快捷菜单中选择"还原语言栏"选项，如图 1-7 所示。

图 1-7　打开软键盘

在弹出的语言栏中，单击"五"字图标 ，选择"中文（简体）-微软拼音 ABC 输入风格"选项，单击右侧下拉列表按钮 ，在弹出的快捷菜单中选择"软键盘"及"功能菜单"选项。单击 ABC 输入法状态栏上"功能菜单"图标 ，在弹出的快捷菜单中选择"软键盘"选项，在子菜单中选择"数学符号"选项，如图 1-8 所示。在弹出的软

图 1-8　选择"数学符号"选项

键盘中按"⌢"键，如图 1-9 所示。

图 1-9 软键盘输入圆弧符号

也可以选择"插入"→"符号"→"符号"→"其他符号"选项，弹出"符号"对话框，选择"符号"→"字体"→"普通文本"选项，即可在下方列表中找到圆弧符号，单击"插入"按钮，如图 1-10 所示。

图 1-10 插入圆弧符号

2）公制长度单位"埃"的输入

单击"开始"选项卡中"字体"选项组中的"拼音指南"按钮，在弹出的图 1-11 所示的"拼音指南"对话框中，按图 1-11 所示设置，单击"确定"按钮，即可输入上面为"。"，下面为"A"的"Å"。

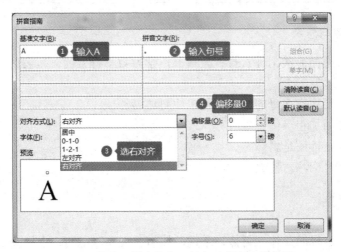

图 1-11 使用"拼音指南"输入公制长度单位埃

3）角度单位的输入

角度单位"度"的输入：选择"插入"→"符号"→"公式"→"插入新公式"选项，在弹出的"公式工具"选项卡中的"符号"选项列表中单击"°"按钮，如图1-12所示。

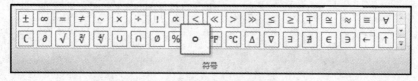

图1-12　公式编辑器输入角度单位"°"

"分""秒"可输入"引号"，显示为5°5′5″，不是5°5′5″。但是如果显示为5°5′5″，可选中"′"和"″"，单击"开始"选项卡，在"字体"下拉列表中选择 MS Reference Sans Serif 字体即可（可在"字体"中输入 MS Reference Sans Serif）。

3. 数学符号使用举例

数学符号用法使用举例如表1-2所示。

表1-2　数学符号用法使用举例

正确写法	错误写法	原因简介
$a^2 + b^2 = c^2$	$a^2 + b^2 = c^2$	a，b，c 为斜体
	$\sin x + \cos y$	函数符号与变量间应有空隙
$\sin x + \cos y$	$sin\, x + cos\, y$	函数符号为正体
	$Sin x + Cos y$	函数符号不是大写
$\cos\,(x)+y$		
$(\cos x)+y$		
$\cos\,(x+y)$	$\cos x+y$	产生歧义
$y+\cos x$		
5×4=20	5X4=20，5x4=20，5•4=20	乘号不能用 X，x，•代替

4. 操作练习与思考

数学符号要遵循哪些国标？查看教科书，学习数学符号的规范表达方法，对比自己论文并订正。

撰写论文时要注意字母的大写小写正体斜体吗？

什么时候要用加粗字体？

运算符号是正体还是斜体？

输入数学式时应注意什么？

1.2.4　外文字母

应注意外文字母的正体、斜体、常规、加粗、大写、小写、上标及下标的表示。

1. 正体表示

（1）用常规正体字母表示一般仪器、元件、样品的型号、代号等。如：计算机术语中央处理器 CPU、Word 2016、Windows 7 等；电器设备文字符号变压器 T、发电机 G、电动机 M、开关 QF 等。

（2）用常规正体字母表示编号。如：附录 A，附录 B，附录 C。

（3）用常规正体字母表示 SI 词头，表示的因数 $\leqslant 10^3$ 的 SI 词头，为小写正体（共 13个），表示的因数 $\geqslant 10^6$ 的 SI 词头，为大写正体（共 7 个）。例如：我们常说流量 100M 是 100MB 的简称，论文中应使用全称 1MB，1GB。注意 MB 不能写成 mB。

2. 斜体表示

（1）用斜体字母表示生物学中属以下（含属）的拉丁文学名。文献［2］节选如下：
Fusulinella bocki Moeller（薄克氏小纺锤蜓）是蜓一个种的学名，前一字是属名，其首字母须大写；后一字是种本名，首字母小写，最后是定种人的姓，首字母应大写。
Fusulina quasicylindrica compacta Sheng（似筒形纺锤蜓，紧卷亚种）。

（2）用斜体字母表示化学中旋光性、分子构型、构象、取代基位置等符号，如左旋 *l*¯，外消旋 *dl*¯，邻位 *o*¯，顺叠构象 *sp*¯，对位 *p*¯，双键的顺异构 *Z*，反式 *trans*¯ 等。

3. 正体、斜体共同表示

（1）文献［2］中正体、斜体共用，如图 1-13 所示。

> **（1）蜂巢珊瑚亚目（Favo sitina）** 个体横切面多角形，具角孔和隔壁刺的如 *Palaeofavosites*（古蜂巢珊瑚）（图 9-27，1）。具壁孔（排列整齐）、隔壁刺和横板发育的如 *Favosites*（蜂巢珊瑚）。
>
> **（2）灌木孔珊瑚亚目（Thamnoporina）** 复体为分枝的丛块状，个体先向上、后向侧部呈扇状分布，在轴部体壁薄，一般在边部增厚，具联接孔，如 *Thamnopora*（灌木珊瑚）。

图 1-13　生物学中正体、斜体共用

（2）式（1-1）、式（1-2）为文献［3］中布氏硬度计算公式，注意正体、斜体、大写、小写、上标的表示。

$$布氏硬度 = 常数 \times \frac{试验力}{压痕表面积} \tag{1-1}$$

$$HBW = 0.102 \times \frac{2F}{\pi D\left(D - \sqrt{D^2 - d^2}\right)} \tag{1-2}$$

式中：D——球直径，mm；

F——试验力，N；

d——压痕平均直径，mm。

（3）对于电阻 R、电感 L、电容 C 等，当指电阻器、电感器和电容器元件符号时，用 R、L、C（正体）表示；当指物理量符号时，用 R、L、C（斜体）表示。当这些物理量可能参加计算时，允许（但不推荐）只标注物理量符号，不标注表示元件文字符号。图 1-14 为文献［4］中电路图示例。

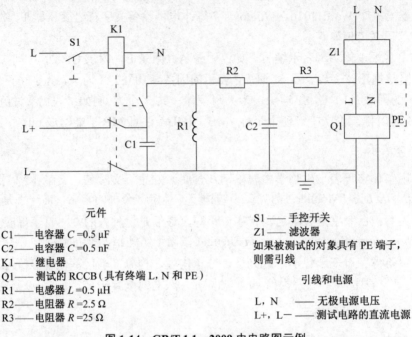

图 1-14　GB/T 1.1－2009 中电路图示例

4. 大写表示

（1）用大写字母表示科技名词术语的缩写词。

（2）用大写字母表示外文标题、章节名等，为了突出有时采用全大写。

（3）用大写字母表示法定单位 L（升）、Å（埃）、Np（奈培）。

（4）用大写字母表示源于人名的国际单位符号。如：A（安培）、V（伏特）、W（瓦特）。

5. 小写表示

（1）用小写字母表示国际单位符号。如：m（米）、kg（千克）、mol（摩）、cd（坎）、rad（弧度）、lm（流明）、s（秒）、t（吨）。

（2）用小写字母表示由 3 个以下字母构成的前置词、连词、冠词等（处在句首位置或全部字母都采用大写的特殊情况除外），例如：and，but，to，for，by，a，an，the 等。

6. 外文字母汇总

外文字母汇总如表 1-3～表 1-8 所示。

表1-3　化学符号

字体	举　例
常规正体	化学元素符号（包括单质、化合物及元素的核素）等。如：H（氢），Na（钠），Pt（铂），Cu（铜） $CuSO_4$（硫酸铜），NH_3（氨），C_2H_5OH（乙醇），$^{12}_{6}C$，$^{235}_{92}U$ 酸碱度符号：pH 值
	能层 K，L，M；能级 ns，np，nd（n 代表能层为斜体，s、p、d 代表能级为正体）[6]
常规斜体	化学中表示旋光性、分子构型、构象、取代基位置等的符号，这一类符号后常须上标半字线 "-" d^-（右旋），l^-（左旋），n^-（正），iso^-（异），dl^-（外消旋），as^-（不对称的） sp^-（顺叠构象），ap^-（反叠构象） 双键的顺反异构：Z（同侧），E（异侧） 单环的顺反异构：cis^-（顺式），$trans^-$（反式） 手性原子的构型：R（右），S（左），o^-（邻位），p^-（对位），m^-（间位）等 α（旋光角），α_n（摩尔旋光本领），α_m（质量旋光本领） n（能层序数）
正体斜体	φ_B（B 的体积分数）

表1-4　数学符号

字体		举　例
常规正体	函数符号	指数函数 e 对数函数 log，ln，lg 三角函数 sin，cos，tan（tg），cot，sec，csc（cosec） 反三角函数 arcsin，arccos，arctan（arctg），arccot，arcsec，arccsc（arccosec） 双曲函数 sinh（sh），cosh（ch），tanh（th），coth，sech，csch（cosech） 反双曲函数 arsinh（arsh），arcosh（arch），artanh（arth），arcoth，arsech，arcsch（arcosech）
	复数符号	Re（实部），Im（虚部），arg（辐角），sgn（单位模函数），i 和 j（虚数单位）
	其他符号	lim（极限），sup（上确界），inf（下确界），sgn（符号函数），tr（迹），card（势或基数），e（超越数），π（圆周率），d（微分），div（散度），det（行列式），ent a（小于或等于 a 的最大整数），def（定义）等 ∂（偏微分），Δ（增量）；$\sum$，max，min，exp，e（自然对数的底）
常规斜体	几何符号	代表点、线、面和图形的字母，点 A，线段 CD，弧 $\overparen{AB}$， $\triangle BCD$，B（面），$\angle B$，坐标 x、y、z，坐标原点 O
	几何运算中量	a、b、c（三角形的边长）
	集合符号	A，B
	数量变量	$f(x)$（函数），a，b（变量）
	排列组合	C_n^p，$A_n^m + mA_n^{m-1} = A_{n+1}^m$（C、A 正体，上标、下标斜体）
	阶乘	$n!$

续表

字体		举　例
加粗	正体	加粗字体 **N**（非负整数集；自然数集），**C**（复数集），**Z**（整数集） 空心字体 ℕ（非负整数集），ℤ（整数集），ℚ（有理数集），ℝ（实数集），ℂ（复数集）
加粗	斜体	矢量或向量 **a**，**$\vec{a}$**，**b**，**n**；张量 **T**，**S**；矩阵 **A**，**B**，**A**^T（转置矩阵，上标 T 为正体）

注：表中列出的是 GB/T 3102.11−1993 中部分数学符号的用法。自 2017 年 3 月 23 日起，该标准转化为推荐性标准，不再强制执行。

表 1-5　生命科学符号

字体	举　例
常规正体	地质学符号：Q（第四系），S（志留系），D_1（早泥盆世），γ_6^4（第四纪），Pt_1ht^a 滹沱群下亚群，Amc（铵云母），Ces（白铅矿），Fs（长石）[5] 生物学中拉丁文学名的命名人和亚族以上（含亚族）的学名：Protozoa（原生动物门），Radiolaria（放射虫目），Textulariina（串珠虫亚目），Fusulinacea（纺锤蜓超科）
常规斜体	生物学中属以下（含属）的拉丁学名：*Syringopora*（笛管珊瑚），*Holophragma Calceoides*（四射珊瑚），*Amoeba*（变形虫）

表 1-6　物理符号

字体		举　例
常规正体	计量单位	L、l（升），V（伏特），W（瓦特），g（克），m（米），s（秒），℃（摄氏度），K（热力学温度）等
	SI 词头符号	它与单位符号之间不留空，k（10^3，千），M（10^6，兆），G（10^9，吉），mA（毫安），μm（微米），nm（纳米），kV（千伏）等
	量纲符号	L（长度），M（质量），T（时间），I（电流），Θ（热力学温度），N（物质的量），J（发光强度）等
	粒子符号	α 粒子，β 粒子，γ 粒子，Z^0 粒子，e（电子），p（质子），n（中子），N（核子）等
	物理名称符号	磁性符号，S（南）N（北）
		半导体符号 PN 结，N（或 P）型半导体
		g 气态，s 固态，l 液态
	射线符号	α 射线，β 射线，γ 射线，X 射线等
	虚数单位	j
常规斜体	有量纲的物理量符号	P（功率），I（电流），U（电压），R（电阻），F（力），p（压强），m（质量），t（时间）等
	有量纲的物理常数	h（普朗克常数），k（玻尔兹曼常量），g（自由落体加速度）等
	量纲为 1 的物理量符号	（曾称无量纲）Re（雷诺数），n（折射率）等
	非物理量符号	N（绕阻匝数），p（极对数）

字体		举　　例
下标的正斜体	物理量符号的下标的正斜体与上述规则相同	
	正体下标	F_m（磁通势），C_m（摩尔热容），ε_r（r：相对），C_g（g：气体），g_n（n：标准），μ_r（r：相对），E_k（k：动的），X_e（e：电的），$T_{1/2}$（1/2：一半）
	斜体下标	C_v（定体热容），C_p（p：压力），$\sum_n a_n \theta_n$（n：连续数），$\sum_x a_x b_x$（x：连续数），g_{ik}（i，k：连续数），p_x（x：x 轴），I_λ（λ：波长）
	正斜体下标混合	$C_{p,m}$（摩尔定压热容）

表 1-7　常规斜体其他符号

适用场合	举　　例
焊缝符号表示法	δ（工件厚度），c（焊缝宽度），α（坡口角度）
标注尺寸的符号	ϕ（直径），R（半径），t（厚度），C（45° 倒角）
剖面视图	A，B，C，A—A，B—B
表面粗糙度参数	Ra（轮廓的算术平均偏差），Rz（轮廓的最大高度），Rsm（轮廓单元的平均宽度），Rmr（c）（轮廓的支承长度率）

表 1-8　常规正体其他符号

适用场合	举　　例
机电设备、电器元件中文字符号（符号电阻 R、电容 C、电感 L 视具体情况而定）	R（电阻），C（电容），L（电感），QF（断路器），F（避雷器），M（电动机），L1、L2、L3（电源线），U、V、W、A、B、C（相序），H_1、H_2、K_1、K_2（电流互感器端子）
仪器、设备、元件代号产品型号	USB（接口），Nikon D700（照相机），iPad（平板计算机）
材料牌号，硬度符号产品规格	Q195（钢材），A4（打印纸），HBW（布氏硬度）[3]，M5（螺钉）
标准代号	GB（国家标准），FZ（纺织行业标准），DL（电力行业标准）ISO（国际标准化组织标准）
代表型式、形状的外文字母	B 型，Ⅱ形，C 形管，V/V 形接线，△形接线，Y 形接线
不表示量符号的外文缩写字	N（north，北），E（east，东），B 超，CT 扫描，GPS，Modem
表示序号的连续字母	附录 A，附录 B，附录 C；图 2-a，图 2-b，图 2-c
顺序号，分图号，公式号附录编号	A、B、C，a)、b)、c)，(4-1a)、(4-1b)，附录 A
罗马数字	Ⅰ，Ⅱ，Ⅲ，Ⅳ，Ⅴ，Ⅵ，Ⅹ
方位符号	E（东），S（南），W（西），N（北）
人名、地名、机关企业名、书名、书号和其他缩写字；索引中的外文和汉语拼音字母	New York City，IEC（国际电工委员会），ISBN 978-7-302-57606-8，AC/DC（交流/直流），WPS，Wi-Fi

注：对于电阻 R、电感 L、电容 C、阻抗 Z，当指电阻器、电感器和电容器时，可分别用 R、L、C、Z（正体）表示；当指这些元件的物理量符号时，可分别用 R、L、C、Z（斜体）表示。当这些物理量可能参加计算时，允许（但不推荐）其图上只标注物理量符号，而不再标注表示元件文字符号。

7. 空心字体设置

选中需要设置空心字的"N""Z""Q"等，选择"开始"选项卡并单击"字体"对话框启动器按钮，弹出"字体"对话框，单击"文字效果"按钮，弹出"设置文本效果格式"对话框，在"文本填充"选项区选择"纯色填充"选项，"颜色"选择"白色"，"透明度"设置为"0%"；在"文本边框"选项区选择"实线"选项，"颜色"选择"黑色"，"透明度"设置为"0%"，"宽度"设置为最细的"0.25 磅"。单击"确定"按钮，返回"字体"对话框，单击"确定"按钮，如图 1-15 所示。

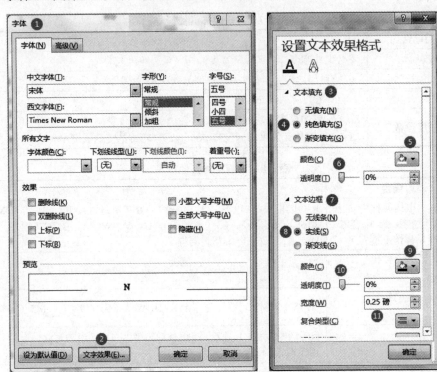

图 1-15　空心字体

8. 操作练习与思考

外文字母要遵循哪些规范？查看教科书，学习外文字母的规范表达方法，对比自己论文并订正。

撰写论文时要注意字母的大写、小写、正体、斜体吗？

什么时候要用加粗字体？

产品型号规格用斜体表示吗？

输入数学式或物理量时要注意什么？

1.2.5　数字用法

1. 数字方面的规定

（1）用常规正体表示数字。

（2）适合用阿拉伯数字的场合，应使用阿拉伯数字。

（3）日期和时刻的表示可参考 GB/T 7408－2005。

① 日期可采用全数字式写法。如：2019-12-28、2019 12 28 或 20191228。

② 时刻可采用全数字式写法。如：15 时 9 分 38.5 秒可写成 15：09：38.5 或 150938.5。

注意：公历世纪、年代、年、月、日和时刻用阿拉伯数字，年份不能简写。如：2020 年不能写成 20 年，（混淆 2020 年和 1920 年，或被误认为二十年）。

（4）数值范围：

数值范围宜采用"～"连接，如果用"—"连接易产生歧义。前后两个数值的附加符号或计量单位相同时，如果不会产生歧义，前面数值的附加符号或计量单位可以省去。如：

① 十五至二十可写为 15～20。

② 200kg 到 300kg 可写为 200～300kg。

③ 8 万～10 万（不可写为 8～10 万）。

④ 8%～10%（不可写为 8～10%）。

⑤ −30℃～6℃可写为−30～6℃。

⑥ 为防止产生歧义，−30～6℃不宜写为−30−6℃。

2. 阿拉伯数字

（1）计量和计数单位前的数字应为阿拉伯数字。

（2）一个阿拉伯数字表示的数值应在同一行，不能分别置于两行。

（3）计量和计数数字，小数点前或后如果超过 4 位（含 4 位），为了便于阅读，可分组。从小数点起，向左和右每 3 位一组，组间留一个小空隙。为了防止与小数点混淆，不能用圆点。

（4）如果数值非常大，"万""亿"单位可用汉字，其余用阿拉伯数字。例如：

① 1 700 000 可写为 170 万。

② 总人口 139538 万人，可写为接近 14 亿。

③ 花费 10 亿零 817 万 8170 元，不应写为 10 亿零 817 万 8 千 1 百 7 拾元。

④ 5 000 元不应写为 5 千元。

（5）纯小数不能省略小数点前用以定位的"0"。如：0.88 不应写为.88 或 0。88。

（6）一个数值的有效数字应全部写出，不能省略。

（7）表格中同一列数据，小数位数宜相同，并将小数点对齐。

3. 汉字数字

（1）汉字数字用于构成定型的词、词组、惯用语、缩略词等。如：一半、进一步、二氧化碳、五指山、二连浩特、十字路口、"十一五"国家级规划教材、三叶草、二百五、十三点、七七事变、五卅运动、一流学科等。

（2）汉字数字用于表示概数，数字间不加顿号。如：七八公里、六十二三岁等。但是为了防止产生歧义，"九"与"十"连用时应加顿号。

（3）汉字数字用于表示并列的两个数字（不是概数），中间要加顿号。如：一、二班

（表示一班和二班）；三、四号楼（表示三号楼和四号楼）。

（4）汉字数字用于表示非公历纪年和日期。如：清康熙十年九月二十日、日本明治元年、正月十五元宵节、农历九月初九重阳节等。

（5）汉字数字用于表示非统计的整数。如：一本书、三个人、四条意见、五种方法、六套衣服、写了七遍，注意要全文统一。

（6）汉字数字用于表示带有"几"字的约数。如：十几个人、一百几十页、几百万分之一。带有"多""余""左右""约"等字的约数。如：十余人、大约二百次。

（7）如果出现在一组具有统计或比较意义的数字中，其中有约数也有准确数字时，约数也可用阿拉伯数字表示。如：该项目预算 200 万元、购置设备 60 多万元。

4. 数字用法使用举例

数字用法使用举例如表 1-9 所示。

表 1-9　数字用法使用举例

正确写法		错误写法		原因简介
2019 年 5 月 1 日		2019 年 5.1		年月日前后格式不统一
		19 年 5 月 1 日		2019 不能省略为 19
2019 年 8 月 12 日		二〇一九年 8 月 12 日		功能类别相同应用相同形式
8 月 8 日		08-08		表达不规范
2019 年 8 月		2019-08	19 年 8 月	
二〇二三年，一九四五年		二三年，四五年		造成歧义
2019 年	二〇一九年	二零一九年		"0"用作编号时汉字为"〇"
北京时间 2019 年 8 月 12 日 10 时 28 分		北京时间二〇一九年八月十二日十时二十八分		没有突出简洁醒目的效果
正月初一		正月初 1		非公历的历史纪年和日期要用汉字数字
康熙八年		康熙 8 年		
8 只鸡		八只鸡		科技论文计数单位前用阿拉伯数字
14.25 万	142 500	14 万 2 千 5 百		阿拉伯数字不能与除万、亿和 SI 词头以外数词连用"0"用作计量时汉字为"零"
8 000 元	八千元	8 千元		
805	八百零五	8 百零 5	8 百〇五	
1.500		1.5		有效数字应全部写出
1.750		1.75		
2.000		2		
$2×10^3～5×10^3$		$2～5×10^3$		产生歧义
30%～40%		30～40%		
（35±1）℃		35±1℃		
（65±2）%		65±2%。		
1.5～3.6 mA		1.5 mA～3.6 mA		具有相同单位的量值范围可简写
20 cm×30 cm×40 cm		20×30×40 cm		单位不对
		20×30×40 cm^3		

正确写法		错误写法	原因简介
一次部分、二次回路 三相电源、三相五柱变压器		1 次部分、2 次回路 3 相电源、3 相 5 柱变压器	数字作为语素构成定型的词、词组、惯用语、缩略词等必须用汉字书写
二元二次方程		2 元 2 次方程	
五氧化二氮		5 氧化 2 氮	
二腹肌、三角肌		2 腹肌、3 角肌	
肱二头肌、肱三头肌		肱 2 头肌、肱 3 头肌	
百度一下		百度 1 下	
三四米		34 米，34m，三四 m	相邻 2 个数字并列连用表示概数
十一届三中全会		11 届 3 中全会	没有突出庄重典雅效果
访问欧洲三国		访问欧洲 3 国	
初一 5 班	初一（5）班	初 15 班	造成歧义
初一 5 个班	初一五个班	初 15 个班	

5. 操作练习与思考

数字输入应遵循哪些国标？查看教科书，学习数字的规范表达方法，对比自己论文并订正。

如何规范表示日期和时间？

如何规范表示数值范围？

哪些场合应使用阿拉伯数字？哪些场合应使用汉字数字？

1.2.6 标点符号

标点符号详细用法请查阅 GB/T 15834—2011。

注意： 图或表中的文字，中间可用逗号，但末尾不用句号。有时说明文字较长，前面的语段已出现句号，但是最后结尾仍不用句号。

1. 括号

括号有圆括号"（）"、方括号"[ ]"、六角括号"〔〕"和方头括号"【】"等。

1）圆括号

（1）圆括号标注补充说明或注释内容。如：

① 我院参赛队获得"第十三届'三菱电机杯'全国大学生电气与自动化大赛"一等奖！（热烈鼓掌）

② 我院拥有副教授（含已退休的）15 人。

（2）圆括号标注订正或补充文字。如：

① 我们一起在操场上玩，小红和小芳玩得满头大汉（汗）。

② 该校许多毕业生达到优秀毕业生（的标准）。

（3）圆括号标注序号、编号等。如：

① 燃烧必须具备三个基本条件：（一）有可燃物；（二）有助燃物；（三）有一定温度。

② 在物理学上，力具有三个基本要素：（1）大小；（2）方向；（3）作用点。

（4）圆括号标注引用语句的出处。如：

他说得好："高才者处以重任，不问出入"（《答耿中丞》）。

（5）圆括号标注汉语拼音注音。如：

"杼（zhù）"这个字在现代汉语中不常用。

2）方括号、方头括号及六角括号

（1）方头括号标注报刊电讯、报道的开头。如：

① 【新华社北京消息】。

② 【编者按】。

（2）方括号或六角括号标注著者国籍或朝代。如：

① ［德］马克思《资本论》。

② 〔乌拉圭〕爱德华多·加来亚诺。

③ 〔唐〕李白。

（3）六角括号或方头括号标注被注释的词语。如：

① 〔伟大〕表示十分崇高卓越。

② 【弘一法师】见李叔同。

（4）六角括号标注公文发文字号中的发文年份。如：

国办发〔2019〕63 号。

（5）方头括号用于计算机图书中标注窗口、菜单、对话框及其上的控件。如：

单击【开始】选项卡【字体】选项组中的【字体】下拉列表。

3）不同括号的配合

除科技文献中的数学、物理学、化学式外，所有括号（尤其是同一形式的括号）应尽可能避免套用。必须套用括号时，最好采用不同的括号形式配合使用。如：

〔机杼（zhù）〕织布机。

2. 连接号

连接号有一字线"—"、短横线"-"和浪纹线"～"三种。

1）一字线或波浪线

一字线或波浪线连接地域、时间、走向、相关、递进等相关项目的起止。如：

① 苏轼（1037—1101），宋朝人。

② 2019 年 9 月 2 日—10 日。

③ 南京南—北京南。

2）短横线

（1）短横线连接化合物的名称、图表、公式的编号等。如：

① 顺丁橡胶的原料为 1，3-丁二烯。

② 参见第 8 页图 3-4、表 3-5。

（2）短横线连接电话号码、门牌号码以及用阿拉伯数字表示的年月日等。如：

① 联系电话：025-12345678。

② 板仓街 78-2 号。

③ 2020-01-01。

（3）短横线连接产品名称与型号。如：

国产运-8 运输机已服役多年。

（4）短横线连接汉语拼音、外来语内部的分合。如：

① láilái-wǎngwǎng（来来往往）。

②让-雅克·阿诺（"让-雅克"为双名）。

③ 爱德华·伯恩-琼斯（"伯恩-琼斯"为复姓）。

（5）短横线连接复合词。如：

① 著者-出版年制。

② take-off。

3）波浪线

波浪线连接数值范围，为了防止产生歧义，有时不宜用一字线标示数字范围。如：

（1）35～40m。

（2）第四～六章。

3. 顿号和逗号

因为英文没有顿号，并列的阿拉伯数字、外文符号、外文字母、单词一般用逗号隔开，但是当并列的数字和符号属于中文句子的一个组成部分时，宜用顿号隔开。如：

（1）"No、no、no，我们不但不玩 QQ，不玩微信，也没有这个宝、那个宝，甚至不上网浏览新闻。（用顿号隔开）

（2）用海水晒盐或用井水、盐湖水煮盐，得到的粗盐中含有较多的杂质，如不溶性的泥沙，可溶性的 $CaCl_2$、$MgCl_2$ 以及一些硫酸盐等。（用顿号隔开）

（3）一实验箱中装有标号为 1，2，3，4，5 的五只白鼠。（用逗号隔开）

4. 省略号

（1）中文省略号为六个点，占两格"……"。外文或数学式中省略号为三个点，占一格"…"。两种不同的省略号用法如下：

完成一件事，有 n 类方式，在第 1 类方式中有 m_1 种不同的方法，在第 2 类方式中有 m_2 种不同的方法，……在第 n 类方式中有 m_n 种不同的方法，那么完成这件事共有

$$N = m_1 + m_2 + \cdots + m_n$$

种不同的方法。

（2）省略号不能与"等"连用。如：

我国西部蕴藏着丰富的动力资源，如风能、太阳能、地热能等……（"等"与省略号不能连用，应将等删除，或将省略号删除）。

5. 书名号

（1）有的外文不使用"《》"书名号，用引号，或用斜体字，或全大写表示书名。但在中文叙述中提及英文书名，一般宜用书名号标出。如：

最近，我们读书小组正在读的书是《简·爱》。

（2）不能把书名号用于标示课程名、证书名、活动名等。例句见表 1-12。

6. 标点符号的输入

（1）破折号。

按 Shift+—组合键，显示为两条一字线"——"，选中"——"，选择"开始"选项卡中的"字体"选项组，在"字体"下拉列表中选择 Times New Roman 选项即成为长横线。

（2）省略号。

① 中文输入状态按 Shift+6 组合键，如果显示为"……"，选中"……"，在"字体"下拉列表中选择"宋体"选项即可显示为"……"。

② 按 1.2.3 节圆弧符号的输入的方法，打开"标点符号"软键盘，在弹出的软键盘中按…键两次。

（3）括号。

① 五笔输入法中文状态，按[、]键，输入方头括号"【】"。

② 五笔输入法英文状态，按[、]键，输入方括号"[ ]"。

微软拼音输入法与五笔输入法输入的方括号对比如表 1-10 所示，对比可知，常规字体时用五笔输入较美观，标注上标时用微软输入较美观。

表 1-10　微软拼音输入法与五笔输入法方括号对比

	微软	五笔	对比结果	适用场合
常规	文献[1]	文献 [1]	五笔美观，微软间距较挤	参考文献
上标	文献[1]	文献 [1]	微软美观，五笔方括号偏上	引用编号上标

（4）句号、逗号、分号、引号和冒号在输入时应注意中文与英文的区别，如表 1-11 所示。

表 1-11　中英文标点符号对比

名称	中文		英文		备注
	形式	占位	形式	占位	
句号	。	中文1格	.	中文半格	科技图书中有时中文也用黑点句号，应全文统一，如：人民教育出版社　全日制高级中学教科书数学（2005～2008 年版）
逗号	，	中文1格	,	中文半格	
分号	；	中文1格	;	中文半格	
引号	""	中文2格	""	中文1格	由于英文为 Times New Roman 字体，引号容易混淆
冒号	：	中文1格	:	中文半格	

（5）各种标点符号如果不能直接用键盘输入，均可用软键盘输入，如图 1-16 所示。

图 1-16　软键盘输入标点符号

7. 标点符号使用举例

标点符号使用举例如表 1-12 所示。

表 1-12　标点符号使用举例

正确写法	错误写法	原因简介
本学期将开设"物理""化学"两门课程	本学期将开设"物理"、"化学"两门课程	标有引号、书名号的并列成分间通常不用顿号
今天将召开"两优一先"表彰大会	本学期将开设《物理》《化学》两门课程	不能视为作品的课程、课题、奖状、商标、证照、组织机构、会议、活动等名称,不应用书名号
今天将召开"两优一先"表彰大会	今天将召开《两优一先》表彰大会	
今天颁发"毕业证"	今天颁发《毕业证》	
第十三届"三菱电机杯"全国大学生电气与自动化大赛	第十三届《三菱电机杯》全国大学生电气与自动化大赛	
第十届"教书育人奖"	第十届《教书育人奖》	
我们大合唱的歌曲是《歌唱祖国》	我们大合唱的歌曲是"歌唱祖国"	书名号标示电影、电视、音乐、诗歌、雕塑等各类作品的名称
《读者》(数字版)	《读者(数字版)》	如果括注是书名、篇名等的一部分,应置于书名号之内,反之应置于书名号之外
《南京师范大学博士、硕士学位论文撰写格式(试行)》	《南京师范大学博士、硕士学位论文撰写格式》(试行)	

一、	(一)	甲、				一.	一).	一)、	(一)、	(一).	甲.	不带括号的汉字数字做序次语时,后用顿号
二、	(二)	乙、				二.	二).	二)、	(二)、	(二).	乙.	不带括号的阿拉伯数字、拉丁字母或罗马数字做序次语时,后面用下脚点
三、	(三)	丙、				三.	三).	三)、	(三)、	(三).	丙.	
1.	1)	(1)	a.	a)	(a)	1、	1).	1)、	(1).	(a).	a、	
2.	2)	(2)	b.	b)	(b)	2、	2).	2)、	(2).	(b).	b、	带括号序次语后不用点号
3.	3)	(3)	c.	c)	(c)	3、	3).	3)、	(3).	(c).	c、	

8. 操作练习与思考

图表中的文字,最后是否用句号?

括号、连接号分别有哪几种,各用在什么场合?

编号时如何使用标点符号?

书名号和引号使用时要注意什么?

标点符号应遵循哪些国标?查看教科书,学习标点符的规范使用方法,对比自己论文并订正。

1.2.7　参考文献与附录

参考文献详细内容见第 3 章参考文献自动编号。

如果学位论文附有图纸、程序等材料,应在附录中列出清单或目录,并提交全部材料。如果图纸为 A3 页面,提交、装订方法见第 4 章论文提交技术。

第 2 章 论文编辑排版技术

2.1 前期准备

注意本书所述每项操作均按论文撰写顺序进行，后续的操作均建立在先前的操作基础之上，应始终保持在一个文档上进行编辑。为了防止操作失误，损坏文档，每天可另外复制备份保存，并注明备份文档的日期，但不宜在不同的文档中分别编辑操作。

2.1.1 新建文件夹及文档

1. 新建文件夹

在非系统盘如 E 盘新建按其作用命名的文件夹，如"学位论文"。

2. 新建文档

在新建的"学位论文"文件夹中新建 Word 文档，按"文档作用""新建人""时间"命名新建的文档，如图 2-1 所示："学位论文张三 5 月 1 日"。新建文档时不能使用默认命名方式，如"新建 Microsoft Word 文档""Drawing3"等。撰写学位论文过程中使用的文档，为了便于老师批阅和登记成绩，文档名宜包含以下内容：内容特点（学位论文、开题报告、考核表等），姓名（张三），提交时间（5 月 1 日），老师在批阅后可在后面添加批改标记加以区别。文档名一般不需要包含多位数组成的学号。明确清楚的文档命名也便于若干年后本人或他人查找文档。

图 2-1 文件夹与文档的命名

2.1.2 保存文档

文档不宜保存在系统盘或桌面上，大量文档保存在系统盘会影响计算机的运行速度，重装系统时保存在系统盘的文档会丢失，且系统盘文档较多，不易查找。

1. Word 设置自动保存

文档应设置自动保存。单击"文件"按钮，在弹出的菜单中单击"选项"按钮，在弹出的"Word 选项"对话框中单击"保存"选项卡，勾选"保存自动恢复信息时间间隔"复选框，设置为"10 分钟"，（不宜设置为"1 分钟"，计算机会频繁保存，影响正常工作）。勾选"如果我没保存就关闭，请保留上次自动保留的版本"复选框。如图 2-2 所示。单击"确定"按钮，完成。

图 2-2　设置自动保存

2. CAD 自动保存

对于机械、建筑、土木工程、电气、服装设计等专业的学生，常用 CAD 软件绘图，新建与保存文档基本方法与 Word 文档相似。单击"工具"选项卡，在弹出的菜单中单击"选项"会弹出"选项"对话框，单击"打开和保存"选项卡，在"文件安全措施"选项区中勾选"自动保存"复选框，并设置为"10 分钟"，如图 2-3 所示。

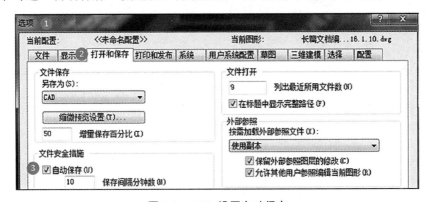

图 2-3　CAD 设置自动保存

3. 文档备份

1）外部设备备份

文档应保存备份，备份分为其他计算机保存，U盘保存，他人保存，给自己发邮件、QQ保存等。对于学习文件，工作文件，宜采用他人保存，通过他人保存，当本人无法操作时，可由同学、同事代为操作，以免耽误学习、工作。学习文件如果在公用计算机上完成，容易丢失，可以通过提交作业，由老师代为保存。如果采用给自己发邮件、QQ保存的方法，那么只要打开邮箱或QQ就随时可以下载。

2）计算机内部备份

撰写论文时间长，每天都会更新内容。由于本书介绍的不是Word基础知识，同学们在操作过程中会遇到各种问题，因此一定要养成每天重命名并备份的习惯。新的一天开始，用新命名的文档继续编辑，几天后再将不需要的文档删除。如果在自动编号过程中出现问题，可利用备份文档快速修复，详见2.2.5节7. 样式异常的处理。

2.1.3 自动恢复文件

1. Word自动恢复文件

单击"文件"按钮，在弹出的菜单中单击"选项"按钮，在弹出的"Word选项"对话框中单击"保存"选项卡，单击"自动恢复文件位置"右边的"浏览"按钮，根据需要修改"自动恢复文件位置"，如图2-2所示，修改后单击"确定"按钮。发生停电等意外情况后，再次打开文档，首先自动弹出"文档恢复"对话框，如图2-4所示，单击"可用文件"下拉列表按钮，选择"另存为"命令，将文档另存为新的文档。本书由于插入大量图及链接，在编辑过程中曾多次出现问题，如图2-5所示。

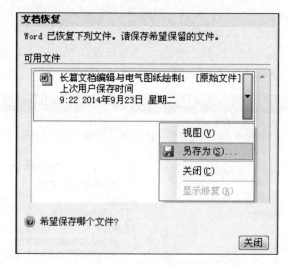

图2-4 文档恢复

文档出现问题时，如果没有弹出如图2-4所示的"文档恢复"对话框，可复制图2-2所示的"Word选项"对话框"自动恢复文件位置"文本框中显示的路径，单击"文件"

图 2-5　本书在编辑过程中的问题状态

按钮，从弹出的菜单中单击"打开"按钮，再单击"浏览"按钮，在弹出的"打开"对话框中粘贴输入已复制的路径，如图 2-6 所示，即可找到需要的文档，在右下角的"打开"下拉列表中选择"打开并修复"选项，打开一个只读文档，然后执行"另存为"命令即可。

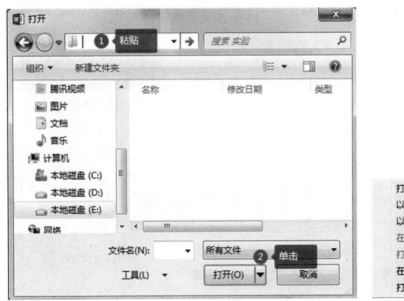

图 2-6　打开并修复自动恢复文件

2. CAD 恢复文档

1）.bak 文档的作用

.bak 文档是 CAD 备份文档，可用于修复受损的 CAD 文档。如果图纸.dwg 文档损坏，无法修复，打开.bak 文档有可能减少损失。

.bak 文档保存在两个位置：一个在 CAD 的.dwg 文档保存的文件夹，保存文档，就会自动生成一个.bak 文档；另一个在系统盘的临时文件夹。CAD 有自动保存功能，每 10

分钟保存 1 次。

.dwg 文档出现问题后，找到相同名称的.bak 文档，如图 2-7 所示，将其扩展名改为.dwg，就可能打开文档，减少损失。

图 2-7　相同名称的.dwg 文档和.bak 文档

2）修改文档的扩展名

打开文件夹，选择"工具"或"组织"选项卡，在弹出的下拉列表中选择"文件夹选项"或"文件夹和搜索选项"选项，如图 2-8 所示。在弹出的"文件夹选项"对话框中单击"查看"选项卡，取消勾选"隐藏已知文件类型的扩展名"复选框，单击"确定"按钮，显示文件类型的扩展名，将.bak 文档的扩展名修改为.dwg 即可打开备份文档，如图 2-9 所示。

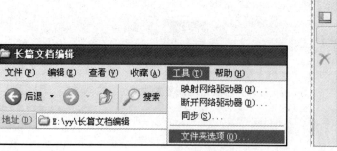

图 2-8　文件夹选项和文件夹和搜索选项

注意：修改完成后立即重新勾选"隐藏已知文件类型的扩展名"复选框，不然在重命名文档时，容易误改文件的扩展名，影响正常打开。

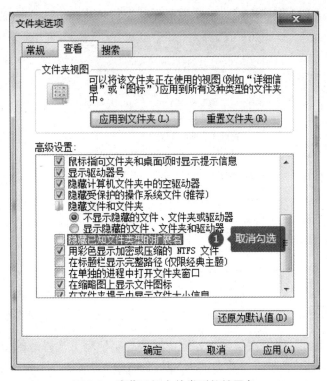

图 2-9　隐藏已知文件类型的扩展名

2.1.4　切换为全屏

1. Word 窗口

单击图 2-10 标题栏右侧"功能区显示选项"按钮 ，选择"自动隐藏功能区""显示选项卡"或"显示选项卡和命令"选项，可根据需要调整窗口。

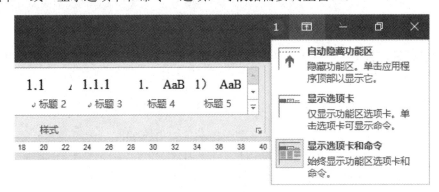

图 2-10　自动隐藏功能区

2. 网页窗口

在撰写论文时，经常需要上网查询资料，为了显示较多内容便于浏览，可将浏览器设置为"全屏显示"。启动浏览器，如图 2-11 所示，单击"工具"下拉列表中的"全屏显示"选项，或按 F11 键，即可进入全屏显示状态，再次按 F11 键，退出全屏显示。

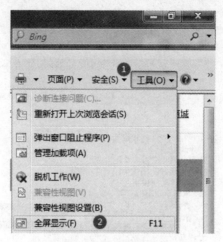

图 2-11　切换为全屏显示

2.1.5　记忆式键入

学位论文篇幅长，修改次数多，如何实现快速定位至上次修改的位置呢？

打开文档，文档右侧弹出"欢迎回来！从离开的位置继续"标签，然后显示为书签，单击标签，即可实现"快速定位至上次修改的位置"，如图 2-12 所示。

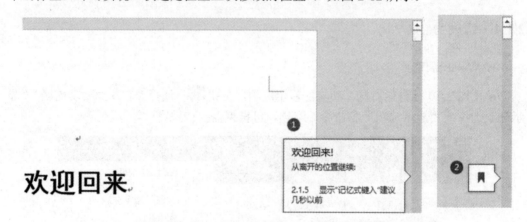

图 2-12　"欢迎回来！从离开的位置继续"标签

如果关闭文档前，最后修改后又移动了鼠标，打开文档时可能不显示标签。因此，最后一次修改后，不要移动鼠标。

打开文档时，按 Shift+F5 组合键，也可以自动跳转至最后修改处。Shift+F5 组合键可以使用多次，分别自动跳转至最后修改的几处位置，撰写过程中查看了文档中的其他内容后，按 Shift+F5 组合键可以快速返回。

如图 2-2 所示，打开"Word 选项"，单击"高级"选项卡，勾选"编辑选项"选项区"显示'记忆式键入'建议"复选框，单击"确定"按钮，即可实现"记忆式键入"，如图 2-13 所示。

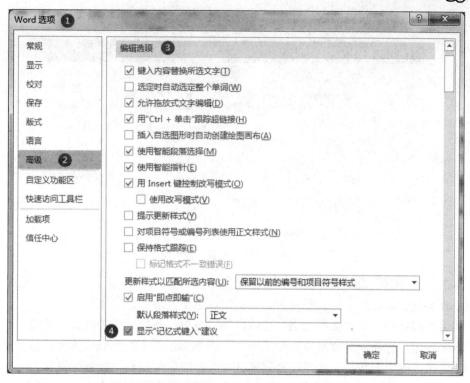

图 2-13　显示"记忆式键入"建议

2.2　排版与编辑方法

学校、学院为了保证学位论文质量，一般会制定学位论文撰写参考规范，在论文撰写之初，应认真学习，努力遵循规范。

2.2.1　页面设置

1. 要点概述

按学校、学院要求设置页面、纸张大小和页边距，不能随意设置，论文信息量差异大，无法较为准确地考量论文总页数。

如果论文撰写之初没有按要求设置页面，后期再进行调整，文中的图、表位置均可能受影响，需逐一重新调整，会造成大量的无用重复劳动。

2. 页面设置的基本要求

（1）根据 GB/T 7713.1－2006，学位论文应使用 A4 标准纸（210mm×297mm）。

（2）纸张四周留足空白边缘，便于装订、复印和批注。每页的上方和左侧应分别留25mm 以上空白，下方和右侧应分别留 20mm 以上空白。

3. 页边距

选择"布局"→"页面设置"→"页边距"选项，或单击"页面设置"选项组对话框启动器按钮，如图 2-14 所示，弹出"页面设置"对话框，如图 2-15 所示。

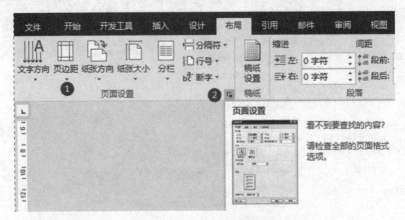

图 2-14 "页面设置"对话框

单击"页边距"选项卡，按学校、学院要求，或参考图 2-15 和表 2-1 设置页边距。一般正式文件应装订在左侧，不宜装订在上方，更不能装订在左上角。

如果单面打印，在"页码范围"选项区的"多页"下拉列表中选择"普通"选项；如果双面打印，选择"对称页边距"选项。在"应用于"下拉列表中选择"整篇文档"选项，单击"确定"按钮。如果选择其他选项，可能会使整篇文档页面设置不统一。

设置"页边距"后在页面四周出现四个灰色直角，显示页面的大小，如图 2-16 所示。

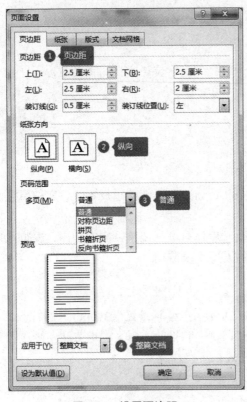

图 2-15 设置页边距

图 2-16 显示裁剪标记

如果设置后没有出现四个灰色直角，可参考图 2-2，打开"Word 选项"进行设置。单击
"高级"选项卡，在"显示文档内容"选项区勾选"显示裁剪标记"复选框，单击"确定"
按钮即可，如图 2-17 所示。

表 2-1　页边距设置参考值

	上/cm	下/cm	左/cm	右/cm	装订线/cm	装订线位置
页边距	2.5	2.5	2.5	2	0.5	左

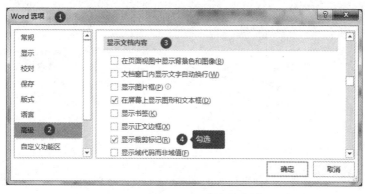

图 2-17　显示裁剪标记

4. 版式

版式中的"页眉"和"页脚"用于显示文档的附加信息，如日期、页码、单位名称、
徽标等如图 2-18 所示。页眉在页面的顶部，页脚在页底部。"页眉""页脚"可参考
表 2-2、图 2-19 设置。

图 2-18　页眉和页脚

图 2-19　设置版式

表 2-2　版式设置参考值

页眉/cm	页脚/cm	垂直对齐方式	应用于
1.8	1.5	顶端对齐	整篇文档

论文可设置页眉，在页眉中输入适当内容，方法参考 2.2.2 节。

在图 2-19 中的"垂直对齐方式"下拉列表中选择"顶端对齐"选项，不宜选择"居中对齐"选项，不同效果对比如图 2-20、图 2-21 所示。如果选择"居中对齐"选项且行数较少，少量文字在页面中间，上下均为空白，无法调整和删除，除非行较多占满整页。

图 2-20　页面顶端对齐

图 2-21　页面居中对齐

5. 文档网格

网格线相当于横竖方格，一般不打印。如需要在文档中绘图，网格线可作对齐参考。论文插图一般使用 CAD 绘图，需要复制到 Word 文档，因此将文档网格设置为"无"。

"文档网格"设置方法如下：

（1）选择"页面设置"→"文档网格"→"绘图网格"选项，弹出"网格线和参考线"对话框，如图 2-22 所示。

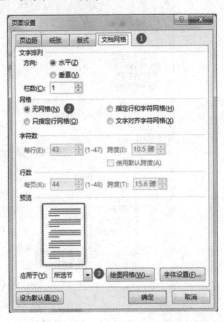

图 2-22　"网格线和参考线"对话框

（2）选择"布局"→"排列"→"对齐"→"网格设置"选项，如图 2-23 所示，弹出如图 2-22 所示的"网格线和参考线"对话框。

图 2-23 网格设置

（3）选择"图片工具"→"排列"→"对齐"→"网格设置"选项，也弹出如图 2-22 所示的"网格线和参考线"对话框。

（4）将"网格线和参考线"对话框中"网格设置"选项区中的"水平间距"设置为"0.01 字符"，"垂直间距"为"0.01 行"，单击"确定"按钮，有利于图、表的微调。

6. 操作练习与思考

新建、命名、保存文档，按学校、学院要求或按本书参考值设置页面，完成后复制保留备份。

2.2.2 页脚页眉设置

按论文或图书编页习惯，封面无页码，摘要及目录等前置部分采用罗马数字编制连续页码，论文主体部分和后置部分用阿拉伯数字编制连续页码。

1. 要点概述

利用分节符，设置不同格式的页码，使论文结构清楚，条理分明。

2. 文档的分节

要实现页码不连续、格式不同的效果，必须对文档分节。

注意：这是指 Word 文档的分节，不是论文内容章、节的分节。

不宜采用选择"插入"→"页面"→"封面"选项的方法插入封面，如图 2-24 所示，这样插入的封面一般不易修改为学校、学院的统一封面。

选择"布局"选项卡中的"页面设置"选项组，在"分隔符"下拉列表中单击"分节符"选项区的"下一页"选项，如图 2-25 所示，插入一个分节符。

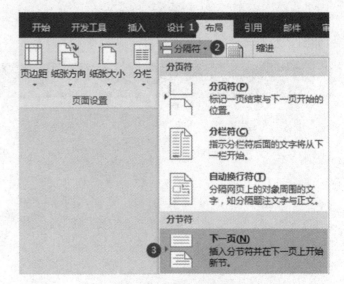

图 2-24　不采用插入封面的方法　　　　　　图 2-25　插入分节符

封面为 Word 文档的第 1 节，将学校、学院统一封面复制、粘贴于此；摘要、目录等前置部分为第 2 节；论文主体部分为第 3 节，一般至少插入 2 个分节符。如果参考文献后有附录，还需插入第 3 个分节符。分别输入"封面""摘要""论文内容"等文字。

3. 显示分节符及域底纹

1）显示分节符

在功能区任意空白处右击，弹出的快捷菜单如图 2-26 所示，选择"自定义快速访问工具栏"或"自定义功能区"选项，弹出"Word 选项"对话框。

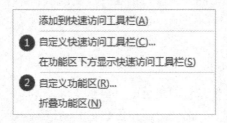

图 2-26　功能区任意空白处右击弹出的快捷菜单

在"Word 选项"对话框中单击"显示"选项卡，如图 2-27 所示。在"始终在屏幕上显示这些格式标记"选项区勾选"显示所有格式标记"复选框（或勾选全部复选框，显示所有格式标记），单击"确定"按钮，页面上将显示"分页符"和"分节符"等，如图 2-28 所示（打印时不会出现）。不需要显示时选择"开始"→"段落"→"显示/隐藏编辑标记"选项即可，如图 2-29 所示。

2）显示域底纹

在"Word 选项"对话框中单击"高级"选项卡，在"显示文档内容"选项区中的"域底纹"下拉列表中选择"始终显示"选项，如图 2-30 所示，单击"确定"按钮。

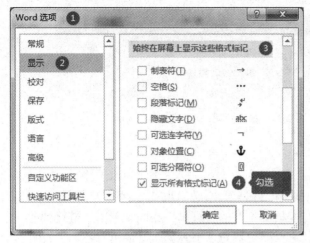

图 2-27　显示所有格式标记

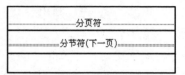

图 2-28　分页符和分节符

图 2-29　显示/隐藏编辑标记

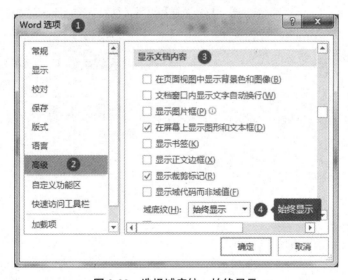

图 2-30　选择域底纹：始终显示

4. 插入页码

选择"插入"→"页眉和页脚"→"页码"选项，如图 2-31 所示，单击"页面底端"下拉列表按钮，选择页码形式，插入页码。

因为插入的自动页码是"域"，在图 2-30 中已将"域底纹"设置为"始终显示"，所以页码的数字自动带灰色底纹（灰色底纹不会打印）。

图 2-31　插入页码

5. 链接到前一条页眉

双击插入的页码，弹出"页眉和页脚工具"选项卡，进入页眉页脚编辑状态，如图 2-32 所示。第 2 节的页脚，左边出现"页脚-第 2 节-"，右边出现"与上一节相同"如图 2-33 所示，表示文档第 2 节的"页脚"与文档第 1 节的"页脚"相同。单击"链接到前一条页眉"按钮，"与上一节相同"消失，表示修改后第 2 节与第 1 节的页脚不同，如图 2-34 所示。

图 2-32　页眉和页脚工具

图 2-33　与上一节相同　　　　　　图 2-34　"与上一节相同"消失

页脚中可以包含页码及其他信息，如联系地址、电话之类（学位论文不需要，只需要页码和页数）。

6. 设置页码格式

在页眉页脚编辑状态，选择"页眉和页脚"→"页码"→"设置页码格式"选项，弹出"页码格式"对话框，如图 2-35、图 2-36 所示。光标置于前置部分页码位置，在"数字格式"下拉列表中选择"I，II，III"选项；光标置于主体部分页码位置，选择"1，2，3"选项。"页码编排"中选择"起始页码"，文本框中输入"1"，单击"确定"按钮。在插入的页码前后输入"第""页"，使页码显示为"第 1 页"。光标置于封面页码位置，删除页码。达到封面无页码，前置部分为罗马数字连续页码，主体部分为阿拉伯数字连续页码的效果。

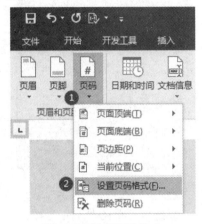

图 2-35　设置页码格式

图 2-36　页码格式

7. 插入页数

如果在文档全部完成后手动输入"共 n 页"，这样的"n"没有灰色底纹，不会随着论文的修改自动更新，添加或删除内容后，总页数不会自动更新。

双击页脚区，弹出"页眉和页脚工具"选项卡，选择"插入"→"文档部件"→"域"选项，如图 2-37 所示，弹出"域"对话框，在"域名"列表框中选择 SectionPages 选项，在"格式"列表框中选择"1，2，3"，如图 2-38 所示。单击"确定"按钮，在页脚插入论文内容节页数。

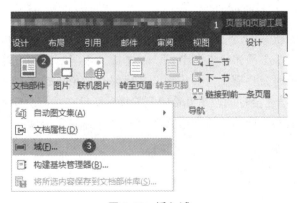

图 2-37　插入域

图 2-38　插入节页数

在图 2-30 中，临时勾选"显示域代码而非域值"复选框，单击"确定"按钮。页码区显示域代码如图 2-39 所示，检查无误后再取消勾选"显示域代码而非域值"复选框，单击"确定"按钮。显示为本节页数（论文主体部分的页数）。

图 2-39　本节总页数

注意域代码的花括号不要修改，中间的空格也不能删除或增加，只能替换单词，随意修改会导致显示不正常。

8. 插入页眉

在页眉页脚编辑状态下，在页眉中插入需要的文字或图，即可形成每页相同的页眉。如果需要不同的页眉，必须先插入分节符，参考插入不同页码的方法进行设置。

编辑页眉和页脚时，页眉上方会出现一条横线，如果不输入文字，横线一般不会打印，如果输入文字，横线会打印。如果希望删除横线，可在页眉页脚编辑状态下单击"样式"任务窗格中最上面一行的"清除格式"或"全部清除"选项即可（参考 2.2.5 节）。

9. 操作练习与思考

按学校、学院要求设置论文封面、前置部分和主体部分的不同页码。完成后复制保留备份。

2.2.3　编号设置（标题自动编号与更新）

1. 要点概述

学位论文篇幅长，章节多，上下级关系复杂。使用 Word 多级列表自动编号可以使论文标题结构清晰，调整方便，各级编号能随论文的增删和移位自动调整更新。

注意：标题自动编号设置是技术难点，需要耐心细致，认真完成。标题自动编号是进行图、表、公式自动编号的基础。

2. 编号的种类

编号一般分为两类：科技文献的章、节通常采用阿拉伯数字编号，书籍有时采用中文编号，如表 2-3 所示。本书以阿拉伯数字编号为例，中文编号使用者可先阅读本节，然后按表 2-3 编号顺序适当调整，设置方法见 2.5.6 节。

表 2-3　常用编号种类

级别	科技文献（推荐使用）		中文编号		中西结合	
	形式	位置	形式	位置	形式	位置
1	第 1 章	居中或顶格	第一章	居中或顶格	第一章	居中或顶格
2	1.1		第一节		1.1	
3	1.1.1	顶格	一、		1.1.1	顶格
4	1.	首行缩进 2 字符	（一）	首行缩进 2 字符	一、	首行缩进 2 字符
5	1)		1.		（一）	
6	（1）		（1）		1.	
7	①或 a.		1)		（1）	
8	a)		①或 a.		1)	
9	(a)		a)		a)	
10			(a)		(a)	

注：编号 1），a) 和（1），(a) 两种类型先使用哪种没有统一规定，CY/T 35－2001 推荐先使用 1），a)。

3. 编号的基本要求

（1）学习学校、学院要求，结合本书方法进行设置。

（2）理工科论文一般采用阿拉伯数字编号，文科论文一般采用中文编号。

（3）章、节编号可全部顶格排，章的编号也可以居中排，应全文统一。

（4）"四、五、六、七"级标题（"条、款、项、段"）编号首行缩进 2 字符，为了便于生成简洁明了的导航和目录，论文内容不宜接排在各级标题之后。如果论文内容必须接排在标题之后，标题与内容之间应空一中文全角空格。

（5）章、节、条、款、项、段，都应有标题，文字精炼，一般不多于 15 字。

（6）编号数字与标题文字间空一中文全角空格，标题末一般不无标点符号。

（7）各级编号的排列格式也可根据需要自行调整，但全文应统一。

4. 一级标题（章）编号

为了美观，通常一级"章"标题占 2 行，通过设置，可实现全文自动生成的、统一的格式。

按 2.2.2 节方法，将"分节符""页码"设置完成后，在论文主体部分输入"绪论"两字，光标置于"绪论"两字前。选择"开始"→"段落"→"多级列表"→"定义新的多级列表"选项，如图 2-40 所示，弹出"定义新多级列表"对话框，如图 2-41 所示。

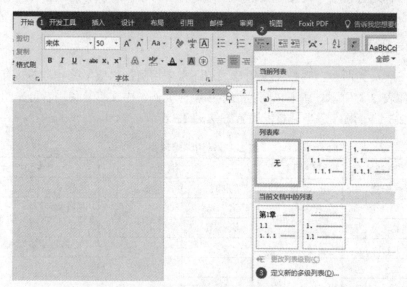

图 2-40　定义新的多级列表

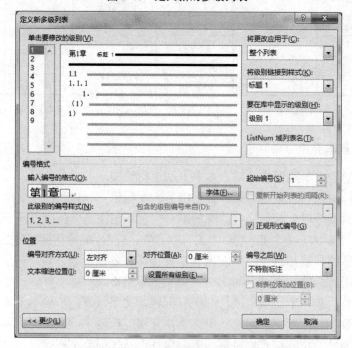

图 2-41　"定义新多级列表"对话框

在"定义新多级列表"对话框中，单击"更多"（"更少"）按钮，再单击"单击要修改的级别"列表框中的"1"选项，设置一级标题。

在"此级别编号的样式"下拉列表中选择"1，2，3"选项，（如果无法选择，取消勾选"正规形式编号"复选框即可）。

注意图中"第1章"三个字，"1"是设置后自动生成的，有灰色底纹，（如果手动输入，没有灰色底纹，不是自动编号，需重新设置），"第"和"章"两个字是手动输入的，（也可按需要输入其他文字），在"章"字后空一全角空格，显示"第1章□"。

如果"章"字后没有空一全角空格，则显示"第1章"，在每次输入标题文字时必须空一全角空格。如果无此空格，一旦后面章、节的标题以数字或字母开头，容易产生歧义。如："第1章，第2节"的标题是"1949年的中国"，应显示为"1.2 1949年的中国"，就会显示为"1.21949年的中国"。因此标题编号和标题文字间必须空一全角空格。

在"将级别链接到样式"下拉列表中选择"标题1"选项。

单击"字体"按钮，弹出"字体"对话框，如图2-42所示。一级标题的"字体"按学校、学院要求或参考表2-4、表2-5设置。

图 2-42　设置一级标题字体

在图2-41中可预览设置效果。最后勾选"正规形式编号"复选框。

注意：只能最后勾选"正规形式编号"，因为勾选后"此级别的编号样式"变成灰色，不能修改。如果需要修改"此级别的编号样式"，取消勾选"正规形式编号"即可。

单击"确定"按钮，设置完成后选中，显示为"第 1 章□绪论"，光标置于"第 1 章□"位置时，显示灰色底纹（不打印），表示自动编号成功，如果无灰色底纹，自动编号可能不成功。

注：截图中"下划线"为软件内显示的用法，本书中用法为"下画线"，其含义与图中的"下划线"等同。

如果第一次设置没有全部完成，需要继续设置，仍按图 2-40 所示方法进行。

注意：为了防止出错，每次修改均应将光标置于"第 1 章 绪论"位置进行。

光标置于标题所在行的左边外侧文本选中区（所谓文本选中区是指页面裁剪标记左侧的空白区，在该区域中，光标变成"↗"形状）。单击选中"第 1 章□绪论"，复制设置完成的"第 1 章□绪论"，粘贴。如果粘贴后自动显示"第 2 章□绪论"，表示设置成功，如果显示"第 1 章□绪论"表示设置不成功，重新按图 2-40 设置。

各级标题参考表 2-4 进行设置。

5. 二级标题（节）编号

在图 2-41 中，单击"单击要修改的级别"列表框中的"2"选项，设置二级标题。

在图 2-43 中，在"此级别的编号样式"下拉列表中选择"1，2，3"选项。在"输入编号的格式"文本框中"1.1"后面空一个全角空格，显示带灰色底纹的 "1.1□"。

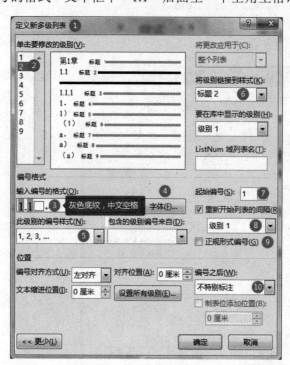

图 2-43 设置二级标题编号

注意："1.1"中间的圆点用小数点，如果用英文句号的大黑点，显示"1. 1"离开太远，欠美观。

在"将级别链接到样式"下拉列表中选择"标题 2"选项，最后勾选"正规形式编号"复选框。

如果设置的二级标题"1.1"没有显示灰色底纹，表示设置可能不成功。"1.1"中前面的"1"代表第 1 章，后面的"1"代表第 1 章的第 1 节。如果前面的"1"没有灰色底纹，将没有灰色底纹的"1"删除，在"包含的级别编号来自"下拉列表中选择"级别 1"选项，在"输入编号的格式"中自动出现中第 1 个"1"，然后输入黑点，在"此级别的编号样式"下拉列表中选择"1，2，3"选项。单击"确定"按钮即可。

二级标题的"字体""段落"按学校、学院要求，或参考表2-4、表2-5设置。

6. 三级标题（小节）编号

单击图2-41"单击要修改的级别"列表框中的"3"，设置三级标题。"此级别的编号样式"选择"1，2，3"选项。在"1.1.1"后空一全角空格，在"输入编号的格式"文本框中显示带灰色底纹的"1.1.1□"，如图2-44所示。在"将级别链接到样式"下拉列表中选择"标题3"选项，最后勾选"正规形式编号"复选框。

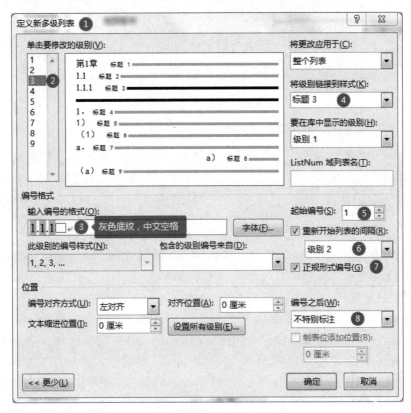

图 2-44　设置三级标题编号

注意："1.1.1"中间的黑点用小数点，如果用大黑点，显示"1．1．1"欠美观。

如果"1.1.1□"没有显示灰色底纹，删除无底纹的"1.1.1"，在"包含的级别编号来自"下拉列表中先选择"级别 1"选项，在"输入编号的格式"中自动出现表示"章"的"1"，输入黑点；在"包含的级别编号来自"下拉列表中再选择"级别 2"选项，出现表示"节"的"1"，再输入第 2 个黑点；最后在"此级别的编号样式"下拉列表中选择"1，2，3"选项，单击"确定"按钮即可。

三级标题的"字体""段落"按学校、学院要求，或参考表2-4、表2-5设置。

7. 四（条）、五（款）、六（项）级标题编号

四、五、六级标题的"字体""段落"按学校、学院要求，或参考表2-4、表2-5设置。

四级标题"输入编号的格式"为"1."。四级编号原始格式为"1.1.1.1"，删除前面的"1.1.1."留下最后一个"1"，并在这个"1"后面加一个大黑点，显示为"1."。

注意大黑点为中文拼音全角输入时的小数点，或英文全角句号，看起来比较大，与后面的文字离开较远较美观，或者参考图 1-6～图 1-8，打开"软键盘"，选择"标点符号"选项，按"."键输入，如图 2-45 所示。

图 2-45　软键盘输入大黑点

五级标题"输入编号的格式"为"1)"或者"(1)"，采用何种全文应统一。

注意：括号为全角括号，不宜使用半角括号，半角括号较瘦长，欠美观。

六级标题"输入编号的格式"为"(1)"或者"1)"，采用何种全文应统一。

8. 七（段）级编号

七级标题的"字体""段落"按学校、学院要求，或参考表 2-5 设置。

七级编号参考格式为①，②，③带圈数字，图 2-44 中的"此级别编号的样式"下拉列表中一般无带圈数字编号样式，可按下述方法设置。

1）安装韩语输入法

按 Windows 键，或单击图 2-46 中的 Windows 按钮，在弹出的菜单中单击"控制面板"按钮，打开"控制面板"窗口，如图 2-47 所示。单击"时钟、语言和区域""区域和语言"按钮，弹出如图 2-48 所示的"区域和语言"对话框。单击"键盘和语言"选项卡中的"更改键盘"按钮，弹出"文本服务和输入语言"对话框。单击"常规"选项卡中的"添加"按钮，弹出如图 2-49 所示的"添加输入语言"对话框，选择"朝鲜语（韩国）"→"键盘"→"朝鲜语"选项，单击"确定"按钮。

图 2-46　控制面板

图 2-47　时钟、语言和区域

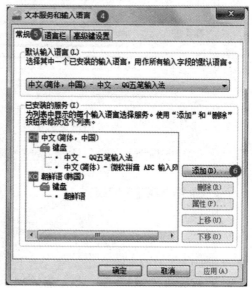

图 2-48　区域和语言，文本服务和输入语言

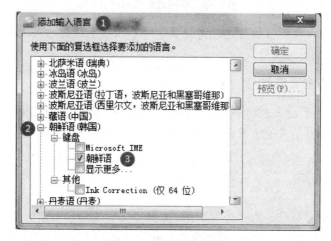

图 2-49　添加输入语言

注意：不需要将朝鲜语设置为默认的编辑语言。

2）七级带圈自动编号样式

保存并关闭 Word 软件，重新打开文档。将光标置于"第 1 章□绪论"处，按图 2-40 所示，打开"定义新多级列表"对话框，在"此级别的编号样式"下拉列表中选择带圈数字编号，如图 2-50 所示。只要不删除"朝鲜语"，就可以使用带圈数字编号样式。不过带圈编号不稳定，有时显示不正常。

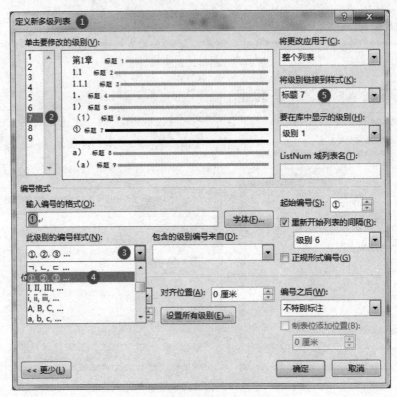

图 2-50　带圈数字编号样式

一般学位论文设置到五级标题已经足够，可不设置七级标题，或将七级标题设置为"a．"用于列项说明的编号。

9．列项说明符号与编号

"列项说明"对于论文来说不是标题，但是对于文档来说，为了使其显示在导航栏中便于查阅，检查编号是否统一规范，可把各级"列项说明"分别设置为"标题 7""标题 8""标题 9"。

1）列项说明标示

（1）列项符号。

对列项说明进行编号是为了方便引用。如果论文后续内容不会引用前面的列项说明，可不编号，而在各列项前用"——""●""◆""★"等符号标识。同一篇文章中同一层次的列项说明，使用的符号应统一。如：

GB/T 7713 共分 3 部分。

——第 1 部分：学位论文编写规则；

——第 2 部分：学术论文编写规则；

——第 3 部分：科技报告编写规则。

（2）列项编号。

列项说明如果会被引用，就需要编号，可用带半圆括号的小写英文字母标示。在字母编号的列项中，如果需对某一项进一步细分，用带圆括号的小写英文字母。如：

常用外存储器主要有：

a）硬盘。

b）光盘存储器。

c）其他存储器包括：

（a）移动硬盘。

（b）U 盘。

（c）存储卡。

2）列项说明格式

列项说明的"字体""段落"按学校、学院要求，或参考表 2-4、表 2-5 设置。

表 2-4　各级标题编号设置参考格式汇总表（首先按学校、学院要求）

标题	将级别链接到样式	输入编号的格式	字体			起始编号	编号对齐方式	对齐位置	文本缩进位置	重新开始列表间隔	正规形式编号	编号之后	备注
			中文	西文	字号								
1	标题 1	第 1 章	黑		三号								
2	标题 2	1.1	黑		小三					级别 1			
3	标题 3	1.1.1	黑		四号					级别 2			
4	标题 4	1.	黑	T		1	左对齐	0	0	级别 3	设置完成后勾选	不特别标注	
5	标题 5	1)	黑							级别 4			
6	标题 6	(1)	黑		小四					级别 5			
7	标题 7	a.或①	宋							级别 6			列项说明编号
8	标题 8	a)	宋							级别 7			
9	标题 9	(a)	宋							级别 8			

注：字体均为常规正体，中文黑体（简称黑），宋体（简称宋），西文 Times New Roman（简称 T）。

10. 编号设置中遇到的问题

1）自动编号与标题文字间距过大

如果自动编号与后面标题文字的间距过大，检查表 2-4 中"编号之后"的设置。也可尝试此法：单击"开始"选项卡中的"段落"选项组对话框启动器按钮，在弹出的"段落"对话框中单击"制表位"按钮，弹出如图 2-51 所示的"制表位"对话框，将"默认制表位"设置为"0"字符，单击"确定"按钮。

2）编号格式隐藏

"自定义多级符号列表"编号设置字体、字号后，"编号格式"中有时会出现字号太大，无法全部显示的问题，如图 2-52、图 2-53 所示。单击"级别"列表框中没有修改过的"9"，在编号格式中可以看到回车符，如图 2-54 所示，重新单击隐藏的级别，就能看到"第 1 章□"，"1.1□"等文字。

图 2-51 "制表位"对话框

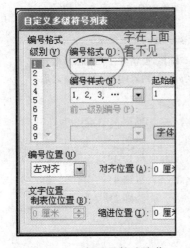 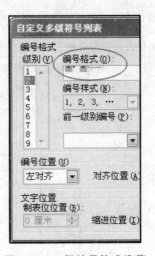 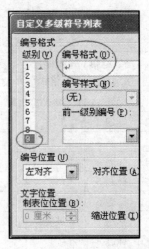

图 2-52 一级编号格式隐藏　　　图 2-53 二级编号格式隐藏　　　图 2-54 编号格式呈现回车符

11. 操作练习与思考

　　查看各科教科书中的编号方法，与本书相对照。按步骤设置 9 级编号，但至此论文只输入了"绪论"两字，显示为"第 1 章□绪论"。选中"第 1 章□绪论"，复制并粘贴 9 次，显示如图 2-55（a）所示。如果没有自动显示"第 1 章"至"第 9 章"，可能是前面的设置有问题。返回图 2-40，认真检查，重新设置，磨刀不误砍柴工，自动编号是技术难点，设置无误就能减少后期整理的工作量，降低差错率。

　　光标置于第 2 行的"第 2 章□绪论"的"第 2 章□"上，使其变为灰色，如图 2-55（b）所示。按 1 次 Tab 键，第 2 行变成"1.1　绪论"。同理，把其余各行降级到相应的级，如图 2-55（c）所示。

　　再按 Shift+Tab 组合键升级，回复到图 2-55（a）状态。升级降级多次，认真检查各级标题是否显示正常（左右位置不用检查，后面再设置）。如果有不对，返回图 2-40，对各级编号重新认真检查。

　　注意：为了防止出错，修改时光标一定要置于"第 1 章"位置，不要随便在任意标题处修改。一定要使全部级别都显示正常，后面的图、表、公式等编号才能正常。本操作练习是全部练习中的重点和难点。检查正常后把各级标题改为合适的文字，如图 2-55（d）所示。

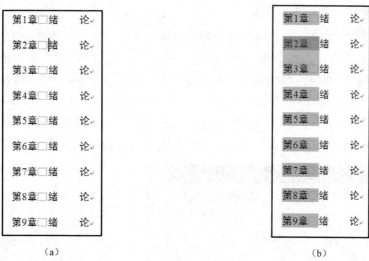

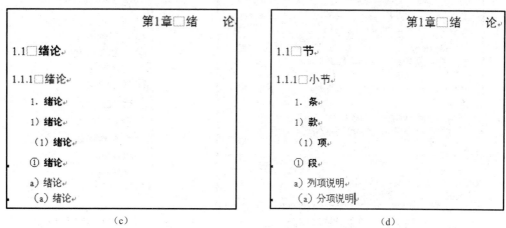

图 2-55　复制后粘贴 9 次，按 Tab 键降级

　　注意：自动编号设置完成后一定要保留备份，一旦因操作不当出现问题，可用于快速修复。

2.2.4　段落设置

　　文档中两个段落标识符（回车符）之间的内容为一个段落，（注意与语文中的段落有所不同），因此文档中各级标题、论文内容、图、表、公式等都是段落。段落设置就是按学校、学院要求，或参考表 2-4、表 2-5，设置各级标题、论文内容、图、表、公式等的"字体""段落"格式。

在 2.2.3 节中设置了标题编号的格式，还要设置标题文字的格式。

1. 要点概述

文档由段落构成，将每种段落设置一次，就可重复使用，能够提高工作效率并确保全文格式统一规范。

2. 一级标题（章标题）段落

光标置于一级标题（章标题）所在行左侧的文本选中区，单击选中一级标题。单击"开始"选项卡中"段落"选项组对话框启动器按钮，弹出"段落"对话框，如图 2-56 所示。单击"缩进和间距"选项卡，按学校、学院要求或参考表 2-4、表 2-5 进行设置，单击"确定"按钮。"大纲级别"不用设置，在后面会自动出现。

单击"换行和分页"选项卡，由于"章"必须另起新页，"章"标题段落应勾选"段前分页"复选框，单击"确定"按钮。确保新的章自动在新一页开始，如图 2-57 所示。

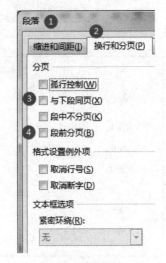

图 2-56　设置缩进和间距　　　　图 2-57　换行和分页

注意：只有"章"标题需要设置"段前分页"，其他段落都不要"段前分页"。

3. 列项说明段落

列项说明的编号可用"标题 7""标题 8""标题 9"进行自动编号，便于显示在导航窗格中，但他们不是标题，所以"段前""段后"均与论文内容相同，设置为"0"。

4. 编号段落可能遇到的问题

设置自动编号后，"定义新多级列表"对话框（图 2-41）中"对齐位置"和"文本缩进位置"有时会意外发生变化，不符合要求，需要重新设置，非常麻烦；编号段落的"首行缩进"也会变化。原因不明，目前作者未找到彻底解决的办法，最简单的办法是在论文全部完成后，正式提交前，统一检查"首行缩进"，如果有问题参考 2.2.5 节样式设置所述方法修改，然后另存为 PDF 文档定稿。

5. 论文内容段落

格式设置的注意事项如下：

（1）论文内容另起行，首行缩进 2 个字符，回行时顶格排。

（2）必须在半角状态输入数字或英文字母，否则输入的数字或英文字母为宋体，很大，常常无法修改，需要删除后重新输入。

（3）如图 2-56 所示的"段落"对话框中"对齐方式"下拉列表中的"左对齐"选项是将段落的左边边缘对齐，右边不一定对齐，结果如图 2-58 所示；"两端对齐"选项是将段落左右两端均对齐，论文内容宜选择"两端对齐"选项，单击"确定"按钮。使文章两端文字均整齐美观。

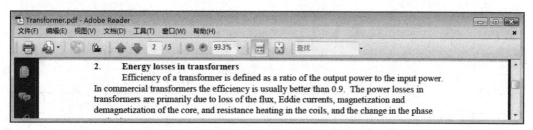

图 2-58　左边对齐，右边不整齐的英文段落

由于大部分标点符号不能放在行首，如句号、问号、破折号等，一串字符（一个英文单词如 is、一串数字如 123456789）不能拆开或分割置于两行，这时文章各行的（字符）字数常常不相等，如选择"左对齐"选项，每行右端参差不齐，而选择"两端对齐"选项，文档自动将长短不一的行压缩或拉伸，使整个段落各行右端也对齐（末行除外），文章排版更美观。

字体、段落设置参考格式汇总如表 2-5 所示。

6. 操作练习与思考

查看各科教科书中的段落格式，与本书对照。按学校、学院要求，或参考表 2-4、表 2-5，设置各级标题、论文内容、图、表、公式等的"字体""段落"格式。最后各级标题的显示位置应如图 2-59 所示，认真检查设置效果。论文内容如人体，格式设置如服

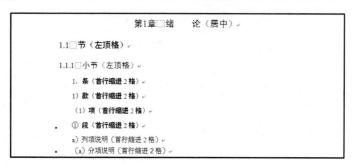

图 2-59　9 级标题设置段落字体格式后的效果

饰，格式是论文必不可少的装饰。完成后复制保留备份。

表 2-5　字体、段落设置参考格式汇总表（首先按学校、学院要求）

项目	中文	西文	字号	字形	对齐方式	左	右	特殊格式	缩进值	段前	段后	行距	换行分页	备注
中文摘要	宋		小四		两端对齐	0	0	首行缩进	2字符	0	0	1.25		
英文摘要	/		四号											
目录1	黑		四号		两端对齐	0	0	无	/	0	0	1.25	/	
目录2	宋		小四			2	0			0	0	1.25	/	
目录3	宋		小四			4	0			0	0	1.25	/	
第1章	黑		三号		居中	0	0	无	0	1	1	1.25	段前分页	章
1.1			小三		左对齐				0	1	1		/	节
1.1.1			四号		左对齐				0	0.5	0.5			小节
1. 1) （1）	黑		小四		两端对齐	0	0	首行缩进	2字符	0.5	0.5	1.25	/	条 款 项
a. a) （a）	宋	T	小四	常规	两端对齐	0	0	首行缩进	2字符	0	0	1.25	/	列项说明
论文内容	宋		小四		两端对齐	0	0	首行缩进	2字符	0	0	1.25		
表名称	黑		五号		居中	0	0	无	0	1	0.5	1.25	与下段同页	末行除外
表内容	宋		五号		/	0	0	无	0	0	0	1.25		
图名称	黑		五号		居中	0	0	无	0	0.5	1	1.25		
图内容	宋		五号		/	0	0	无	0	0	0	1.25		
图表注	宋		小五					首行缩进	2字符	0	0	1.25		
图	/		/		居中	/	/	无	0	1	0.5	1.25	与下段同页	
式中	宋		小四		两端对齐	0	0	无	0	0	0	1.25	/	公式注释
参考文献	宋		小四		两端对齐	0	0	悬挂缩进	2字符	0	0	1.25	/	

注：中文黑体（简称黑），宋体（简称宋），西文 Times New Roman（简称 T）。

2.2.5　样式设置

1. 要点概述

"样式"是一组已经编排好的"字体"和"段落"格式的组合。在进行长篇文档排版时，使用"样式"将大大提高工作效率。只需修改某个"样式"，Word 能快速自动更新整篇文档中应用该"样式"的所有文本的格式，不但提高工作效率，还有助于保持全文样式统一，提高论文排版质量和速度。

编辑包括各级标题、内容、图、表、公式等的长篇文档，如学位论文、社会实践报告或课程实习报告等，使用 Word "样式"将受益无穷。

2. 样式

单击"开始"选项卡中"样式"选项组中的对话框启动器按钮，弹出"样式"任务窗格如图 2-60 所示。

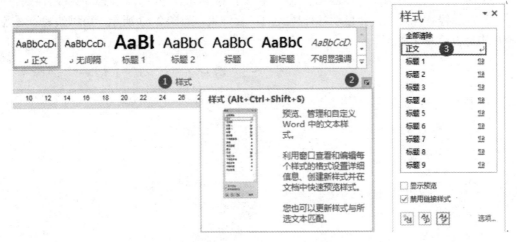

图 2-60　"样式"任务窗格

3. 更新以匹配选择

将光标置于已设置"字体""段落"格式的"第1章　****"所在行左边外侧文本选中区，光标变成"⌀"形状，单击选中"第 1 章　****"，使其变黑，如图 2-61 所示。在"样式"任务窗格中找到"标题1"，光标移至"标题1"选项悬停，右边出现"▼"下拉列表按钮，选择下拉列表中的"更新 标题 1 以匹配所选内容"选项，如图 2-62 所示。这时"标题1"会变成"第1章　标题1"（版本不同，显示有所不同）。

图 2-61　选中一级标题段落

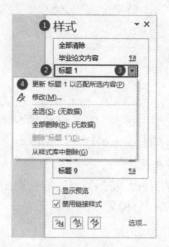

图 2-62　更新标题 1 以匹配所选内容

注意： 要单击"更新***以匹配所选内容"，不要另外新建"标题 1"样式。

按同样方法"更新****以匹配所选内容"，匹配其余各级标题、论文内容的样式。

光标悬停在样式上，会显示各种样式的设置结果，如图 2-63 所示，可以快速查看各种样式是否设置完成。

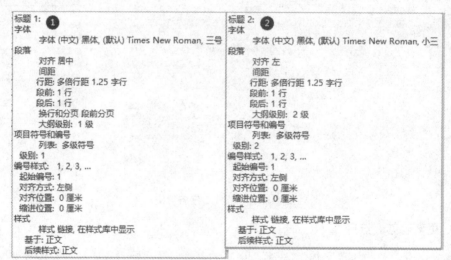

图 2-63　光标悬停在样式，显示该样式设置结果

注意： 图 2-60 中的原始"正文"样式一定不要随意修改。

4. 新建样式

论文中除了标题还有学位论文内容，需要新建"毕业论文内容"样式。单击图 2-64 "样式"任务窗格中的"新建样式"按钮 ，弹出"根据格式设置创建新样式"对话框，如图 2-65 所示。

新建样式时一定要按其作用适当命名，不宜使用默认的"样式 1""样式 2"等，长期使用容易造成混淆，且他人无法使用。在"名称"文本框中输入"毕业论文内容"，单击"样式基准"下拉列表按钮选择"正文"选项。"后续段落样式"表示这个段落回车后出现的下一个段落的样式。单击"后续段落样式"下拉列表按钮，选择"毕业论文内容"选项，这样"论文内容"回车后的段落仍为"论文内容"。其他项目不用设置，"更新****以匹配所选内容"即可。单击"确定"按钮，完成新建样式。

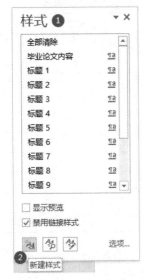

图 2-64　新建样式

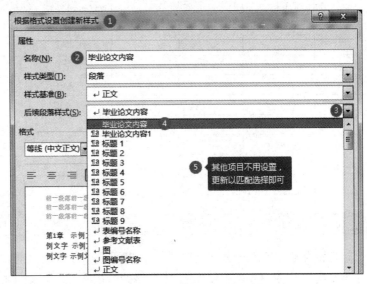

图 2-65　根据格式设置创建新样式

用图 2-61 的方法，选中按表 2-4、表 2-5 设置的论文内容段落，然后单击"样式"任务窗格中"毕业论文内容"选项下拉列表按钮，参考图 2-62，选择"更新 毕业论文内容 以匹配所选内容"选项，就完成了"毕业论文内容"样式的设置。

同理，按学校、学院要求，或参考表 2-4、表 2-5，新建"表名称""表内容""图名称""图内容""图"等样式及其他需要的样式备用。

5. 后续段落样式

"后续段落样式"就是回车后自动出现的下一段的样式。

比如"第 1 章"下一段可能为"1.1"节或"毕业论文内容"。因此"标题 1"样式中的"后续段落样式"可选择"标题 2"或"毕业论文内容"选项。设置后单击"确定"按钮。

"毕业论文内容"通常一段接一段，所以"毕业论文内容"样式中的"后续段落样式"选择"毕业论文内容"选项比较合适。设置后单击"确定"按钮。

"图"样式的"后续段落样式"选择"图编号名称"选项；"表编号名称"样式的"后续段落样式"选择"表内容"选项。设置后单击"确定"按钮。

后续段落样式可参考表 2-6 或根据论文特点，合理选择"后续段落样式"，回车后样式自动设置，非常方便。

6. 修改样式

如果撰写论文初期没按步骤设置样式，或设置有问题，但已经输入了很多论文内容，

表 2-6　后续段落样式

序号	举例	当前段落	可选1	可选2
1	第1章	章标题	节标题	毕业论文内容
2	1.1	节标题	小节标题	毕业论文内容
3	1.1.1	小节标题	4级标题	毕业论文内容
4	1.	4级标题	毕业论文内容	5级标题
5	1)	5级标题	毕业论文内容	6级标题
6	（1）	6级标题	毕业论文内容	7级标题
7	①	7级标题	毕业论文内容	
8	a)	列项说明	列项说明	
9	（a）	分项说明	分项说明	
10		毕业论文内容	毕业论文内容	
11		图	图编号名称	
12	图1-1	图编号名称	毕业论文内容	
13	表1-1	表编号名称	表内容	
14	[1]	参考文献	参考文献	

希望将论文修改为符合要求的样式。如果逐项修改或用"格式刷"逐条修改，费时费力且容易出错。在图 2-66 中，单击需要修改的样式名称，如"标题 1"下拉列表按钮，单击"修改"按钮，弹出"修改样式"对话框，在"格式"下拉列表中选择需要修改的"字体""段落"等选项进行修改，修改后单击"确定"按钮。"修改样式"后所有使用这一

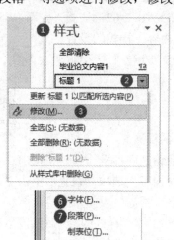

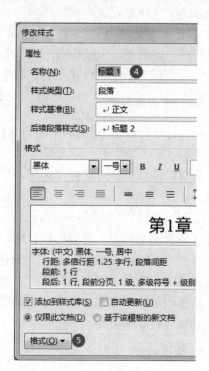

图 2-66　修改样式

样式的项目将同时被修改，快速且统一、规范。

注意：样式设置完成后一定要保留备份，一旦因操作不当出现问题，备份文档的样式可以快速导入，实现文档的修复。

7. 样式异常的处理

在设置"多级列表"自动编号过程中，有时会因操作不当造成编号显示异常，如图 2-67 所示。左侧导航窗格中一级标题编号显示正常，但右侧论文内容中一级标题编号不显示"第 1 章"，而显示为一条黑线。

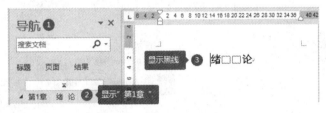

图 2-67 编号显示异常

在如图 2-41 所示的"定义新多级列表"对话框中单击"字体"按钮，应弹出如图 2-42 所示的"字体"对话框，却弹出如图 2-68 所示的提示对话框，无法正常设置字体。在编号的位置不显示自动编号数字，显示一条竖黑线或一个黑方块。原因不明，处理方法如下。

图 2-68 样式异常，无法设置字体

1）管理样式法

单击"样式"任务窗格中"管理样式"按钮 ，弹出"管理样式"对话框，如图 2-69

图 2-69 管理样式

所示，单击"编辑"选项卡，选中有问题的"标题1"，前面的编号显示为黑方块。单击"导入/导出"按钮，弹出"管理器"对话框，如图2-70所示。

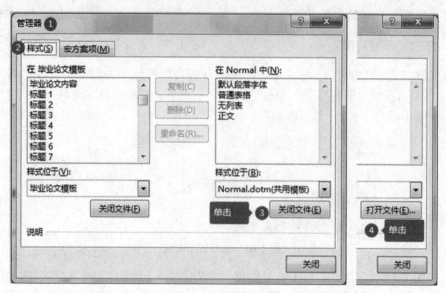

图2-70 样式管理器

单击"样式"选项卡，单击"关闭文件"按钮，该按钮切换为"打开文件"按钮，单击"打开文件"按钮，弹出"打开"对话框，如图2-71所示。

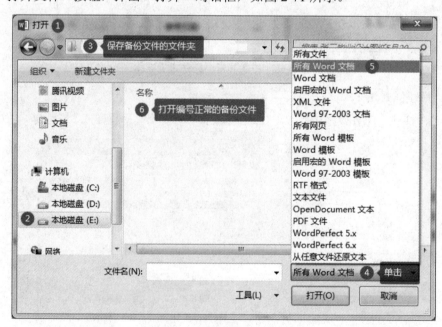

图2-71 打开所有 Word 文档

打开保存备份文档的文件夹，在"所有****"下拉列表中选择 "所有 Word 文档"选项，然后打开编号正常的备份文档，显示如图2-72所示。

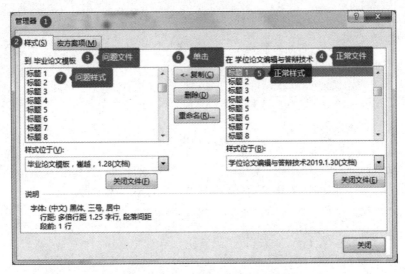

图 2-72 复制编号正常文档中的样式

单击图 2-72 中"样式"选项卡,左边为编号出问题的文档,右边为编号正常的文档,在右边列表框中选中编号正常的"标题 1",单击"复制"按钮,弹出提示对话框,如图 2-73 所示,提示"是否要改写现有的 样式 词条 标题 1?",选择"是",即可将出问题的样式"标题 1"快速修复。在图 2-72 中可以按住 Shift 或 Ctrl 键,同时选中多个样式,如同时选中"标题 1""标题 2""标题 3",单击图 2-73 中"全是"按钮,将同时修改多个样式。完成后单击"关闭"按钮。

图 2-73 是否要改写现有的 样式 词条 标题 1

2)应用样式法

图 2-74 中五级标题前的编号异常,显示为黑块。将光标置于标题黑块后面,按←左向键,黑块变成灰色如图 2-75 所示。按 Ctrl+Shift+S 组合键,弹出"应用样式"对话框,如图 2-76 所示,单击"重新应用"按钮,异常的黑方块编号将恢复正常。

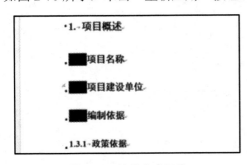

图 2-74 编号变成黑块

图 2-75 按左向键←,黑块变灰色

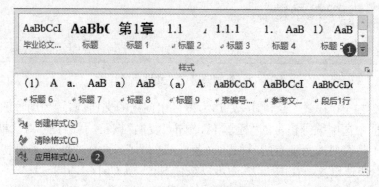

图 2-76　应用样式

单击图 2-77"样式"选项组右边的"▼"下拉列表按钮，弹出样式窗格，选择 "应用样式"选项，也可以弹出如图 2-76 所示的"应用样式"对话框。

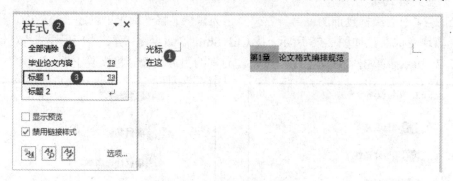

图 2-77　样式，应用样式

8. 对已有论文的修改

如果在参考本书前，论文篇幅已颇长，如何对已有论文进行修改呢？

首先复制备份已有论文；然后新建一个文档，按本书方法逐一设置各种样式；最后参考 2.2.5 节中样式异常的处理的方法，将新建文档的全部样式导入已有论文。打开"样式"任务窗格，将光标移至左侧文本选中区，选中内容，如选中"第 1 章 论文格式编排规范"所在行，单击"样式"任务窗格中的"标题 1"，如图 2-78 所示。其他标题、内容均可用此法完成：选中内容，单击相应的样式名称，就把内容改为相应的样式。

图 2-78　单击"标题 1"样式

9. 删除页眉的横线

论文中插入页码后，有时会在页眉处自动生成一条横线，如果不需要横线，双击页眉，进入页眉页脚编辑状态，单击"全部清除"按钮即可删除横线，如图 2-78 所示。

10. 操作练习与思考

新建各种样式后，打开"样式"任务窗格，养成随时调用的习惯。输入文字后需要修改样式时，光标移至相应的样式并单击即可。

有时单击后编号数字会重新开始，双击"开始"选项卡中"剪贴板"选项组中的"格式刷"按钮，刷同级编号即可调整为连续编号；或者选中需要修改的编号，右击，弹出如图 2-79 所示的快捷菜单，单击"继续编号"按钮即可。

图 2-79　继续编号

注意： 样式设置完成后一定要保留备份，遇到操作不当出现问题时，可用于快速修复。

2.2.6　目录设置

论文按上述方法设置后，能自动生成目录；如果没有设置，就无法生成自动目录。

1. 目录生成

单击"引用"选项卡中"目录"选项组中的"目录"下拉列表按钮，选择"自定义目录"选项，如图 2-80 所示。弹出"目录"对话框，如图 2-81 所示。单击"目录"选项卡，勾选"显示页码"和"页码右对齐"复选框，在"显示级别"文本框中输入"3"，单击"确定"按钮，会自动生成三级目录。

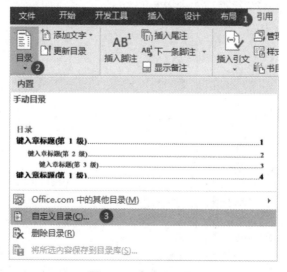

图 2-80　自定义目录

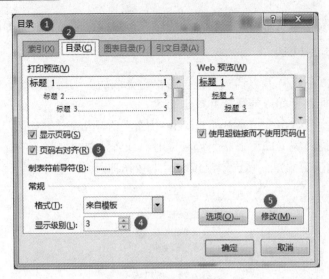

图 2-81　插入三级目录

2. 修改目录的格式

自动生成的目录将自动注明各章、节起始页码，标题和页码间自动以"……"相连。然后修改"目录"的格式，使各级目录的"字体""段落"按学校、学院要求，或参考表 2-5 设置。

光标置于自动生成的目录中，查看"字体""段落"是否符合学校、学院要求。比如"目录 1"的格式不符合要求，单击图 2-81 中的"修改"按钮，弹出"样式"对话框，如图 2-82 所示，选中需要修改的"目录 1"，单击"修改"按钮，弹出"修改样式"对话框，如图 2-83 所示，"名称"显示为需要修改的"目录 1"，单击"格式"下拉列表按钮，

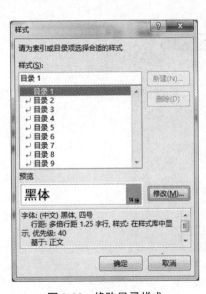

图 2-82　修改目录样式

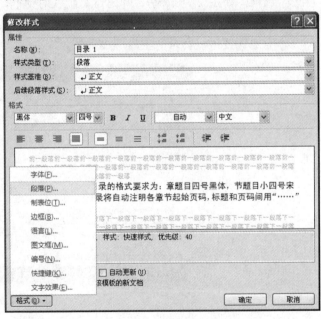

图 2-83　修改目录格式

选择"段落"选项，即可修改"目录 1"的段落设置。按同样方法可修改"字体"等其他项目的设置。修改后单击"确定"按钮。

3. 目录的更新

注意：学位论文全部修改完毕，提交 PDF 文档或打印前一定要更新目录。

按 Ctrl+A 组合键全选，右击，在弹出的快捷菜单中选择"更新域"选项，弹出"更新目录"对话框，如图 2-84 所示，选择"更新整个目录"选项，单击"确定"按钮，即可更新目录、标题编号、图、表编号等所有域。重新插入目录也可以实现目录更新。

4. 打印前更新域

为了防止遗忘，可以设置自动更新目录。打开"Word 选项"对话框，单击"显示"选项卡，勾选"打印选项"选项区中的"打印前更新域"复选框，单击"确定"按钮，如图 2-85 所示。打印或生成 PDF 文档前，自动弹出"更新目录"对话框，选择"更新整个目录"选项，单击"确定"按钮。确保目录、标题、图、表编号等都是最新版本。

图 2-84　更新目录

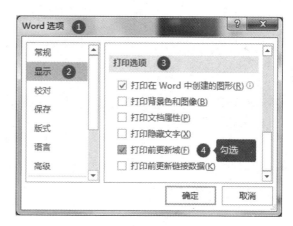

图 2-85　打印前更新域

注意：在论文撰写过程中，如果在标题与标题、图与图、表与表之间插入了新的标题、图、表，进行了自动编号，一定要及时更新，不然交叉引用时容易出错。

5. 操作练习与思考

查看各科教科书中的目录，与本书对照。自动生成三级目录，"字体""段落"按学校、学院要求，或参考表 2-5 设置，完成后复制保留备份。

2.3 查看与调整论文结构

2.3.1 文档导航

1. 导航窗格

上述设置全部完成后，勾选"视图"选项卡中"显示"选项组中的"导航窗格"复选框，弹出如图2-86所示的"导航"窗格。如果前面设置不正常，则无法生成标题导航。

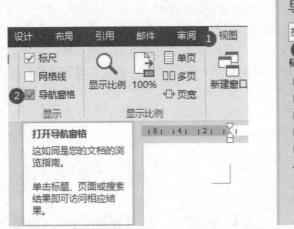
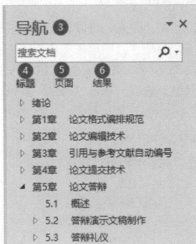

图 2-86　导航窗格

2. 导航窗格的选项

导航窗格有"标题""页面""结果"三种选项。

1）标题导航

单击"导航"窗格中的"标题"选项卡，或在图2-87中单击"浏览您的文档中的标题"按钮（版本不同，显示有所不同），将导航方式切换到"标题"导航，标题在"导航"窗格中自动列出，如图2-86所示。

图 2-87　导航，浏览您的文档中的标题及页面

单击任一标题，光标快速自动定位到文档中标题行所在位置，如图2-88所示。

单击"导航"窗格中的标题"2.3　查看与调整论文结构"，自动定位在编辑区标题"2.3　查看与调整论文结构"位置。

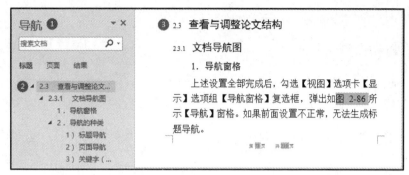

图 2-88　文档快速浏览和定位（单击左侧标题，光标自动定位在右侧对应位置）

图 2-89 中"▷"为标题折叠状态，表示下级标题被折叠；"◢"为标题展开状态，表示下级标题已展开；无标识表示无下级标题。单击"▷"按钮，打开折叠的标题；单击"◢"按钮，折叠展开的标题。图中清晰地展示了本书的章、节结构。可根据需要折叠或展开标题，显示文档层次、结构，图 2-89、图 2-90、图 2-91 分别显示了不同级别的标题。

图 2-89　显示六级标题

图 2-90　显示四级标题

图 2-91　显示二级标题

2）页面导航

单击如图 2-87 所示"导航"窗格上的"浏览你的文档中的页面"按钮，或单击图 2-86 中的"页面"按钮，导航方式切换为"页面"导航。"导航"窗格以缩略图形式列出文档页面，单击页面缩略图，可以定位到相关页面。如图 2-92 所示，在"页面"导航窗格下方，会显示每页的页码。

3）关键字（词）导航

单击如图 2-93 所示的"导航"窗格中的"浏览你当前搜索的结果"按钮，或单击图 2-86 中的"结果"按钮。比如要搜索"导航"两字，就在搜索框中输入"导航"，如图 2-93 右图所示。图 2-94 的"导航"窗格中列出包含"导航"两字的所有标题，在标题后面列出了该标题的页码，单击这些标题，可以快速定位至相关内容，且自动将所有的"导航"两字均用亮色突出显示，非常醒目。

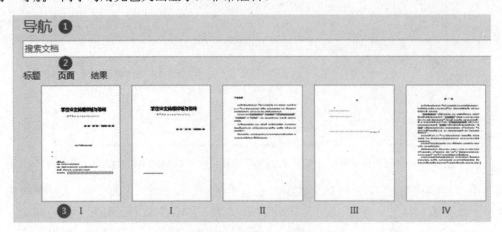

图 2-92 "页面"导航

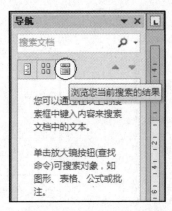

图 2-93 关键词导航，在搜索框中输入"导航"两字

2.3.1□ 文档导航图 ⑥ 自动定位于此

1. 导航窗格 ⑦ 自动将搜索文字全部突出显示

上述设置全部完成后，勾选【视图】选项卡【显示】选项组【导航窗格】复选框，弹出如图·2-86 所示【导航】窗格。如果前面设置不正常，无法生成标题导航。

第78页 ⑤ 第 78 页□□ 共 218 页

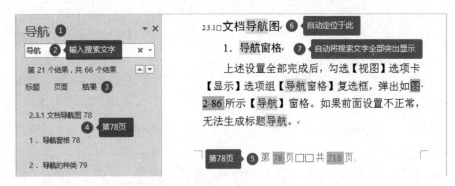

2）页面导航

文档页面导航就是按页面进行导航，单击"导航"窗格上的"浏览你的文档中的页面"按钮如图·2-87 右图，将文档导航方式切换为"文档页面导航"，"导航"窗格将以缩略图形式列出文档分页，单击分页缩略图，就可以定位到相关页面查阅。

图 2-94 搜索"导航"两字的部分结果（版本不同，显示不同）

4）特定对象导航

学位论文往往包含许多图形、表格、公式、尾注、批注等对象，导航功能可以快速查找文档中的这些特定对象。单击如图 2-95 所示的搜索框下拉列表按钮，在弹出的快捷菜单中单击需要查找的对象，如单击"图形"按钮，即可快速查找所有图形。图中显示图形导航结果是："第 166 个结果，共 513 个结果"，表示该文档中共有 513 幅图，当前图为第 166 幅。在展开的标题中，有"亮色突出显示"底纹的表示该标题中包含图，没有底纹的标题中不包含图。单击右图右侧"▲"或"▼"按钮，可分别查看上一个或下一个图形。

图 2-95　特定对象"图形"导航

3. 导航的作用

通过标题导航，可方便地检查标题设置是否合理、美观，对标题进行修改调整，标题检查包含下列内容：

（1）标题应简明扼要，文字通顺合理，无错别字，末尾通常无标点符号。

（2）导航中同级标题应排列整齐，一、二、三级标题编号与文字间空一全角空格；四～七级标题编号与文字间无空格；列项说明编号与文字间无空格。

（3）上下级关系合理，上级包含下级。如图 2-96 所示不应将"新建样式"设置为"文档结构图"的下级标题，因为"新建样式"和"文档结构图"没有任何关系。

（4）上级标题至少应包含 2 个下级标题，如果只有 1 个，就应取消下级标题，直接写内容。如图 2-97 所示。

（5）检查上下级标题是否重名，如图 2-98 所示的上下级标题不能均为"文档结构图"。

（6）将"导航"置于显示"章"标题状态，检查"章"标题；展开每章中的"节"标题，检查"节"标题；逐一展开下级标题，检查每级标题，如图 2-99、图 2-100 所示。

日1.6 文档结构图	日1.6 文档结构图	日1.6 文档结构图
1.6.1 新建样式	1.6.1 快速浏览和定位	1.6.1 文档结构图

图 2-96 上下级无关系　　　图 2-97 只有一个下级标题　　　图 2-98 上下级标题重名

```
▷  绪论                          ▲ 第2章    论文编辑技术
▷  第1章   论文格式编排规范        ▷  2.1    前期准备
▷  第2章   论文编辑技术            ▷  2.2    排版与编辑方法
▷  第3章   引用与参考文献自动编号    ▷  2.3    查看与调整论文结构
▷  第4章   论文提交技术            ▷  2.4    图、表、公式
▷  第5章   论文答辩               ▷  2.5    题注与交叉引用
                                ▷  2.6    审阅批改论文
```

图 2-99 检查章、节标题

```
                              ▲ 第3章    图、表、公式编辑技术
                                ▲ 3.1    图、表、公式排版要求和方法
                                  ▷  3.1.1  图
                                  ▷  3.1.2  表
                                  ▷  3.1.3  公式
  ▲ 2.2   排版与编辑方法           ▲ 3.2    插入题注
    ▷  2.2.1  页面设置               3.2.1  要点概述
    ▷  2.2.2  页脚页眉设置            3.2.2  图题注
    ▷  2.2.3  编号设置               3.2.3  表题注
    ▷  2.2.4  段落设置               3.2.4  公式题注
    ▷  2.2.5  样式设置
```

图 2-100 同一层次标题词组结构相近，意义相关，语气一致

（7）同级标题应尽可能"排比对仗"，词组结构相同或相近，意义相关，语气一致，如图 2-100 所示。

4. 调整标题级别

在检查过程中如果发现标题级别不合适，可调整标题的级别，方法如下。

（1）降级：选中标题，按 Tab 键。

（2）升级：选中标题，按 Shift＋Tab 组合键。

在导航窗格中，可以直接调整论文内容的位置。

注意：为了防止出错，调整前先复制备份。在"导航"窗格中单击选中要调整的标题，将其拖动至需要的位置即可。如需要将图 2-101 中的"第 2 章　表"调整为"第 3 章"，单击导航窗格中的"第 2 章　表"，拖动，经过标题时会出现横线，将其拖动至"第 4 章　公式"的上方，在出现横线处松开鼠标即可。

5. 封面、摘要、目录在标题导航中的显示

封面、摘要和目录没有编号和级别，不能显示在导航窗格中，查看不方便。把它们也设置为"标题 1"样式，即可在导航窗格中显示。选中"摘要"，单击"样式"任务窗格中"标题 1"按钮，但显示为"第 1 章　摘要"，显然不正确。光标置于"第 1 章　"

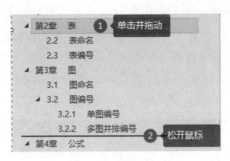

图 2-101 调整标题的位置

和"摘要"之间，按 Backspace 键，删除"第 1 章"三个字，重新把"摘要"两字设置为"居中"。以同样方法设置"目录"和"参考文献"等标题即可。

注意：按此方法设置后"封面"和"目录"等也会出现在自动生成的目录中，请记住在最后打印前，选中它们并单击"样式"任务窗格中的"全部清除"按钮。

2.3.2 视图

1. 大纲视图

大纲视图主要用于设置和显示文档标题的层次结构，并可以方便地折叠和展开各级标题或内容。大纲视图广泛用于长文档的快速浏览、设置和编辑。如图 2-102 所示"此视图对于在文档中创建标题和移动整个段落很有用"。

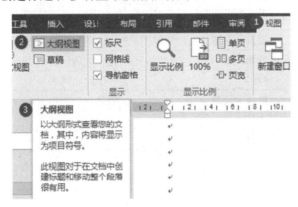

图 2-102 大纲视图

2. 视图切换

页面右下角分别为"阅读视图""页面视图""Web 版式视图"按钮，如图 2-103 所示。"大纲视图"和"草稿"按钮如图 2-102 所示。单击视图按钮即可切换。

图 2-103 阅读视图、页面视图、Web 版式视图

单击图 2-102 中"大纲视图"按钮，弹出"大纲"选项卡，如图 2-104 所示（版本不同有所不同）。单击"正文文本"下拉列表按钮，可调整标题级别。单击"显示级别"下拉列表按钮，可以调整显示级别。单击"显示文档"按钮，通过展开的"创建""插入""合并""拆分"等按钮，可进行文档的合并、拆分或插入。其他按钮的作用如表 2-7 所示。

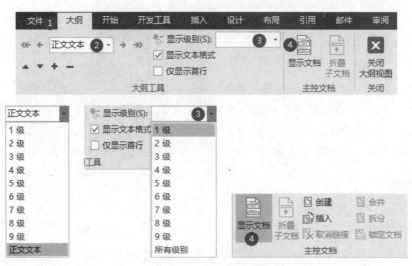

图 2-104　大纲选项卡

表 2-7　大纲按钮

序号	按钮	名　称	功　能
1	◀◀	提升至标题 1	将此项目提升为大纲的最高级别
2	◀	升级	提升此项目的级别
3	▶	降级	降低此项目的级别
4	▶▶	降级为正文	将此项目降为大纲的最低级别
5	▲	上移	在大纲内上移项目
6	▼	下移	在大纲内下移项目
7	+	展开	展开所选项目
8	−	折叠	折叠所选项目

3. 大纲视图的显示

切换至大纲视图，标题前面出现"✛"，标题及内容全部展开时如图 2-105 所示。双击"✛"内容或标题被折叠，再次双击取消折叠，如图 2-106 所示。被折叠的内容或标题显示为细波浪线。如果没有波浪线，表示没有折叠的内容。

4. 大纲视图的用法

在大纲视图中可以方便地调整标题、内容的位置。将要调整的标题折叠，单击要调整的标题，拖动至需要的位置，待出现一条有箭头的横线时，如图 2-107 所示，松开鼠标即可，如图 2-108 所示。在图 2-107 中双击"2. 保存文件"折叠其内容，单击"✛"

拖动至"1．新建文件"上方，在出现有箭头的横线处松开鼠标，就把"1．新建文件"和"2．保存文件"的位置对调。双击"✛"，展开并检查调整结果是否正确。

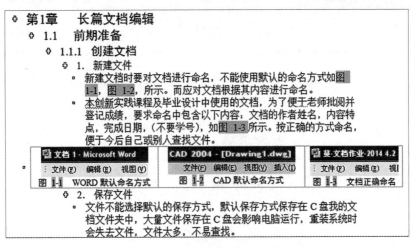

图 2-105　全部展开的大纲视图

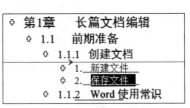

图 2-107　选中标题，拉至横箭头处

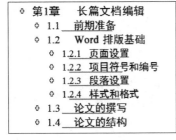

图 2-106　折叠的大纲视图

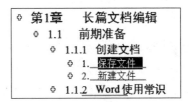

图 2-108　调整后的状态

需要选中标题下的内容时非常方便，单击标题就选中了该标题包含的全部内容，不论内容多少。要把整章或整节内容选中、复制或删除，宜采用此方法。

使用"导航窗格"也能调整标题级别和位置。

5．页面视图折叠与展开

单击"视图"选项卡中"视图"选项组中的"页面视图"按钮，切换为常用的"页面视图"状态。将光标悬停于标题编号行，在编号左边出现灰色"◢"，光标悬停在"◢"上，"◢"变为蓝色。单击"◢"按钮，其下内容被折叠，"◢"转换为"▷"。单击"▷"按钮，展开折叠内容，如图 2-109 所示。将标题折叠后可以方便地查看并修改各级标题，图 2-110 为本书第 2 章的折叠状态。

图 2-109　页面视图展开与折叠

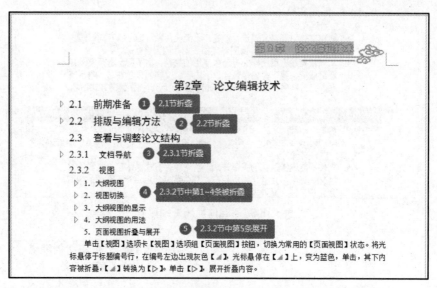

图 2-110　本书第 2 章页面视图标题折叠状态

2.4　图、表、公式

2.4.1　图

图在学位论文中必不可少。图包括曲线图、示意图、框图、流程图、记录图、照片等。有的图为了保证清晰度和精确度，宜使用 CAD 绘制，如机械图、电路图、服装设计图等，在 CAD 文档中绘制完成后粘贴至 Word 文档，并注意妥善保存原始 CAD 文档。

1. 图的常规要求

参考 GB/T 7713.1－2006 等文献，对图要求解读如下：

（1）图应具有"自明性"，只看图、图名和图例，不阅读论文内容，即可理解图意。

（2）图应有编号，编号由"图"和从"1"开始的阿拉伯数字组成。图较多时宜分章编号。图宜有图名，置于编号之后，编号和图名间应空一全角空格，编号和图名通常置于图下方。论文内容应与图呼应，先见文，后见图。

（3）图宜相对页面左右居中。图要精心设计绘制，大小适中，线条均匀，主辅线粗细分明，线条上、下、左、右位置尽可能排列整齐美观。

（4）图中的术语、量的符号和单位等必须与论文内容中描述的完全一致。

（5）必要时，应将图中的图例、图注、符号、标记、代码，以及实验条件等，用精练文字加以说明。图线与文字安排适当，文字可置于图线空隙处。

（6）图中量的符号和单位，宜采用量与单位相比的形式。如图 2-111 中（用电负荷）P/kW，（用电时间）t/h。其他常用物理量如：（长度）l/m，（质量）m/kg，（额定电压）U_N/V，（电流）I /A。如果量的单位比较复杂，应用括号括起，如光效/（lm·W^{-1}），热扩散率/（m^2/h），光源平均亮度/（kcd/m^2），（腐蚀渗透率）p/（μm/a）。

（7）图的说明文字，中间可用逗号，但末尾不用句号。有时文字较长，前面语段已使用句号，末尾仍不用句号。

（8）曲线图纵、横坐标必须标注符合相关标准规定的量的符号和单位，只有在不必要标明（如无量纲等）时方可省略。全文同类曲线图宜风格一致，坐标轴长度及单位刻度长度适当。曲线突出、区别明显，如图 2-111 所示，各种曲线分别采用实线、虚线、点线等表示。

——图前文字说明图的作用

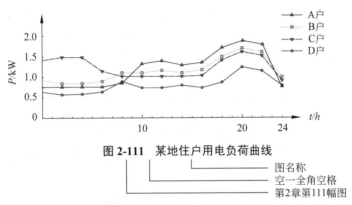

图 2-111　某地住户用电负荷曲线

图名称
空一全角空格
第2章第111幅图

（9）坐标图中量的符号和单位分别置于纵、横坐标轴的外侧，可与箭头居中；也可置于横坐标箭头下方，纵坐标箭头内或外侧，宜全文统一。

（10）照片应轮廓清晰，反差适中，背景单一；应有参照尺寸标度。

（11）拍摄无背景照片时可将对象置于单色布料或纸张上，用同色布或纸作为背景，最后按本节中删除照片背景的方法删除照片的背景。如图 2-112 所示，图 2-112（a）为布置的拍摄对象与背景；图 2-112（b）为拍摄的橘子；图 2-112（c）为完成的无背景照片。照相时应注意拍摄的角度，尽可能表现对象的主要特点；还应注意方向，防止上下颠倒、左右翻转或直角翻转；为了防止发生方向错误，可在照片上标注方向。

(a)　　　　　　　　(b)　　　　　　　　(c)

图 2-112　拍摄制作无背景照片

（12）只允许对图进行一个层次的细分。

2. 图的排列布局

1）布局

单击选中图右击，在弹出的快捷菜单中选择"大小和位置"选项，如图 2-113 所示。弹出"布局"对话框，单击"文字环绕"选项卡中的"嵌入型"按钮，将图设置为嵌入型，防止图无法定位；勾选"大小"选项卡中的"锁定纵横比"复选框，防止误调图的纵横比。单击"确定"按钮。

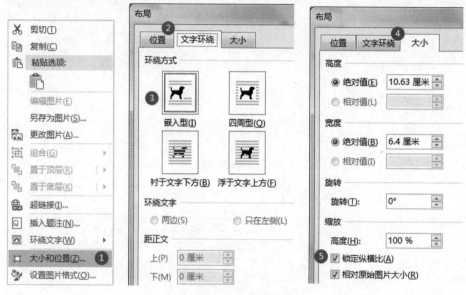

图 2-113　设置图布局

或者单击图，单击右边弹出的"布局选项"按钮，在弹出的"布局选项"下拉列表中选择"嵌入型"选项，也可将图设置为嵌入型，如图 2-114 所示。

图 2-114　将图设置为嵌入型

尽可能在图 2-113 中单击"大小"选项卡调整大小。或双击图，在弹出的"图片工具"选项卡中的"大小"选项组设置图"高度""宽度"，如图 2-115 所示。

图 2-115　设置图大小

选中图，光标悬停于图右角上，出现 45°双向箭头时，按住 Shift 键拖动鼠标，可以按比例快速粗略调整图大小，如图 2-116 所示。

图 2-116　按比例调整图大小

两图并排时，应尽可能设置为统一高度。如只有一个图，且图形较为复杂，可设置宽度为 16cm，与页面同宽。

2）自动将图设置为嵌入型

打开"Word 选项"对话框，单击"高级"选项卡，在"剪切、复制和粘贴"选项区中的"将图片插入/粘贴为"下拉列表中选择"嵌入型"选项，单击"确定"按钮，可将粘贴的图自动设置为嵌入型，如图 2-117 所示。

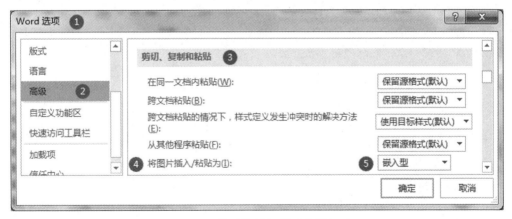

图 2-117　将图片插入/粘贴为嵌入型

3. 图的排版

1）图所在的行

图设置为嵌入型后，当前面输入或删除文字时，图会随文字移动。非嵌入型图不会随文移动。因此嵌入型图所在的行与文字性质相似，是一个段落，为了统一图的设置，要新建"图"所在行的样式，"字体""段落"按学校、学院要求，或参考表 2-5 设置。

打开"段落"对话框，图与上面段落的文字不能紧贴，在"缩进和间距"选项卡中设置"段前""段后"大于"0"；为确保图与图号始终在同一页，勾选"换行和分页"选项卡中的"与下段同页"复选框，单击"确定"按钮。设置完成后按 2.2.5 节新建样式的方法新建"图"样式。

2）图编号名称

（1）新建"图编号名称"样式，图编号名称与下面段落的文字不能紧贴，因此设置了"段前""段后"大于"0"，参考值见表 2-5。"图编号名称"的"字体""段落"按学校、学院要求，或参考表 2-5 设置。

（2）图编号与图名称间空一全角空格。如：

"图 2-118　2019 年平均用电负荷"不能写成"图 2-1182019 年平均用电负荷"。

3）图内文字

图内文字的"字体""段落"按学校、学院要求，或参考表 2-5 设置，还应注意以下几点。

（1）图形符号名称正确，文字位置合理美观，文字与图形不重叠。

（2）物理量采用量与单位相比的形式表达。如图 2-118 所示，"P/kW"表示变量"功率"，符号为斜体"P"，单位为正体"kW"；"t/h"表示变量"时间"符号为斜体小写"t"，单位为正体小写"h"。

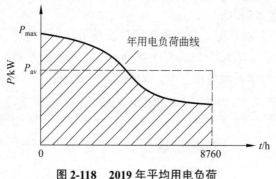

图 2-118　2019 年平均用电负荷

4）图注

图注的"字体""段落"按学校、学院要求，或参考表 2-5 设置。图注可置于图号图名下，字体与图名有区别，字号略小，应全文统一。

4. 修改图的大小

1）图的裁剪

图布局欠合理时，尽可能采用图编辑软件进行编辑裁剪。没有编辑软件时可用 Word "图片工具"选项卡中的"裁剪"命令裁剪，因为裁剪命令只把图裁剪隐藏，不改变图的文件大小。

双击需要编辑的图，单击如图 2-115 所示"图片工具"选项卡中"大小"选项组中的"裁剪"按钮，在"裁剪"下拉列表中选择"裁剪为形状"选项，弹出可供选择的各种形状，如图 2-119 所示。图 2-120 为裁剪后的不同形状。

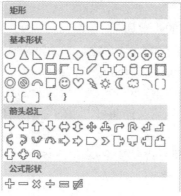

图 2-119　裁剪为形状

图 2-120　图裁剪为不同的形状

2）效果对比

图布局对比如图 2-121 和图 2-122 所示，两图内容相同，页面布局与利用率不同，图 2-121 上下左右空白太多，应将其裁剪为图 2-122 所示的效果，特别是图的上下空白部分一定要修剪至最小。

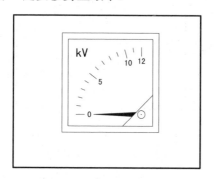

图 2-121　图四周留白过多

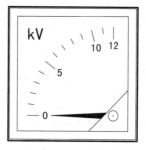

图 2-122　图大小合适

3）快速修改图为相同尺寸

如果文中有大量图，希望修改为同一尺寸，可先选中一个图，右击，如图 2-115 修改其"高度"或"宽度"，然后单击另一张图，按 F4 键"重复上一步操作"，即可快速将其他图设置为相同尺寸。

注意：按 F4 键的作用是"重复上一步操作"，不仅可用于快速修图，也可用于其他重复性操作。

5. 运用 CAD 软件绘制论文插图

1）绘制插图

运用 CAD 软件绘制论文插图的步骤如下。

（1）打开 CAD 软件，按 2.1.1 节的方法新建论文插图文档。

（2）绘制论文的 A4 纸页面外框为 210mm×297mm，按 2.2.1 节页面设置绘制页边距，上 25mm，下 25mm，左 25mm，右 20mm，装订线左 5mm，所以论文版心的宽度为 160mm。在 CAD 图纸中按尺寸绘制论文插图可占用的空间如图 2-123 所示。

在图上方绘制一条 160mm 的贯穿页面的横线"插图辅助横线"。

注意：如果图较多，插图应按顺序排列整齐，在图下方用大字标出图号如"图*-**"，以便今后查找修改，如图 2-124 所示。

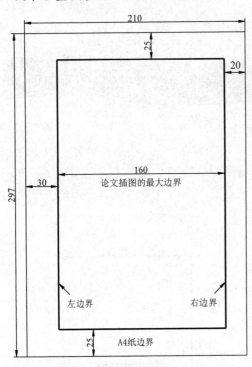

图 2-123 绘制插图的边界

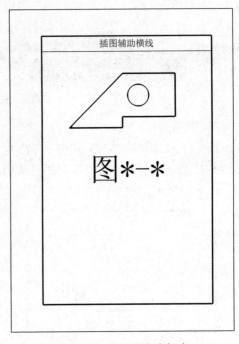

图 2-124 图号用大字标出

（3）图内文字的"字体"应按学校、学院要求，或参考表 2-5 设置。但两种软件字号不同，图内文字"五号""宋体"按 1:1 比例打印时，大约相当于 CAD 字体"高度"为"2.7mm"，"宽度比例"为"1"。文字位置应在被标注对象附近，不可与图形重叠。CAD 字高与 Word 字号大致关系如图 2-125 所示。

（4）按论文需要及 2.4.1 节图的常规要求绘制插图，如图 2-124 所示。

2）BetterWMF 的使用

下载安装可以将 CAD 图转换为 Word 图的 BetterWMF 软件。BetterWMF 可将在 CAD 中绘制的图复制、粘贴至 Word 文档中，自动删除黑色背景，修剪空白边缘，将彩色图转为黑色图。能根据需要设置线宽，可以将图转换至任一 Office 软件，如 Excel 和

CAD 字号	Word 字号
宋体高度7mm	一号宋体字
CAD宋体高度5mm	二号宋体字
CAD宋体高度3.5mm	四号宋体字
CAD宋体高度2.7mm	五号宋体字

图 2-125　1:1 打印时 CAD 文字与 Word 文字大小对比

PPT 等，最重要的是图尺寸准确、美观清晰。

使用 CAD 图形绘制完成后，双击 BetterWMF 软件图标，启动 BetterWMF，如图 2-126 所示，按图 2-127 设置。

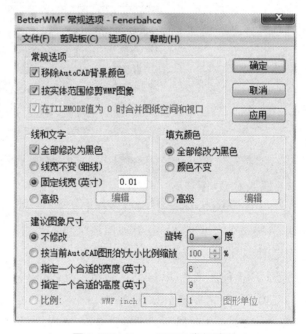

图 2-126　BetterWMF 图标　　　　图 2-127　BetterWMF 常规选项

（1）常规选项。

勾选"移除 CAD 背景颜色"复选框，去掉 CAD 黑色背景，使图自动转换为白色背景。

勾选"按实体范围修剪 WMF 图像"复选框，自动修剪 CAD 图的空白区域，粘贴图只包含有图线部分，空白部分自动删除。

（2）线和文字。

勾选"全部修改为黑色"复选框，将粘贴图的线条和文字全部转换为黑色。

"线宽不变（细线）"选项是默认设置，可根据需要选择。

"固定线宽（英寸）"选项按需要选择固定线宽，一般设置为"0.01～0.015"。

（3）填充颜色。

选择"全部修改为黑色"选项，将 CAD 图中的"图案填充"颜色全部转换为黑色；如果选择"颜色不变"选项，将保持 CAD 图原色，论文一般单色打印，因此不选"颜色不变"选项。全部设置完成后，单击"确定"按钮。

通过 BetterWMF 插入的图格式为 WMF，不是原来的 CAD 图，无法直接双击图形进行修改，所以必须在 CAD 中修改完成，再复制、粘贴插入 Word 文档。应对 CAD 文档适当命名，一定要注意保存原始 CAD 文档。如果需要修改，必须在 CAD 文档中修改，完成后再次复制、粘贴。

（4）剪贴板选项卡。

在"BetterWMF 常规选项"对话框中单击"剪贴板"选项卡，勾选"启用自动修改"复选框，如图 2-128 所示。全部设置完成后单击"确定"按钮。

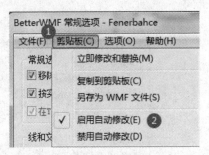

图 2-128 "剪贴板"选项卡

3）插入 CAD 图

打开 BetterWMF 软件，打开 CAD 插图文档，选中绘制完成的插图中的所有图形，按 Z 键，再按 Enter 键或用滚轮将需要的图形全屏查看，观察 CAD 图是否清晰，密度是否过大或过小，如图 2-129 所示。密度过大的 CAD 图，建议采用 A3 或更大的工程图纸打印，如果复制到 Word 文档中作为插图，将无法辨认图形与文字，如图 2-130 所示；密度过小的图，粘贴后不能设置为与页面同宽，否则图形与文字过大，影响美观，如图 2-131 所示。调整后如图 2-132 所示，大小适当，布局美观。

为保证 CAD 图粘贴到 Word 文档后，文字清晰且高度一致，使用 CAD 绘制的插图中的文字应设置为宋体，"宽度比例"为"1"。如果采用工程制图要求，设置为"仿宋体"，"宽度比例"为"0.7"，文字粘贴至 Word 文档后无法被编辑且显示不清晰。

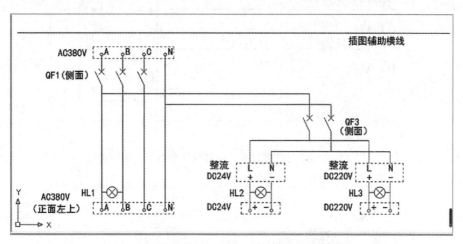

图 2-129　观察处于全屏状态下的图在 CAD 窗口中是否清晰

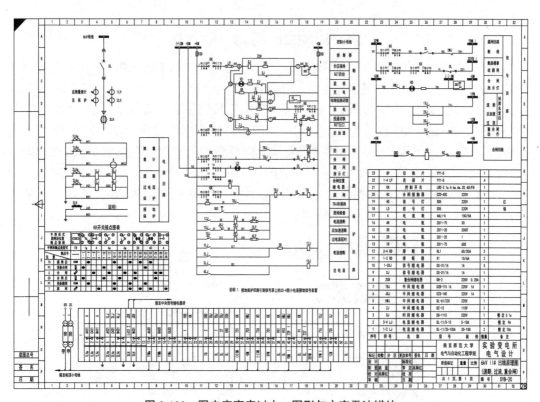

图 2-130　图内容密度过大，图形与文字无法辨认

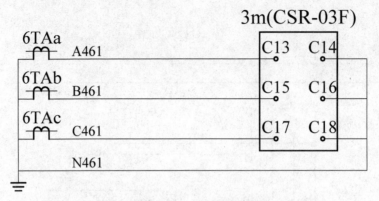

图 2-131　图内容密度过小，图形与文字清晰，但不美观

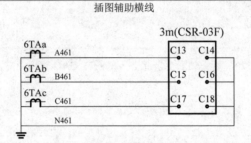

图 2-132　调整后大小适当，布局美观

　　在 CAD 中可将"线宽"设置为显示状态。按 Z 键，再按 Enter 键，框选要插入的图形及"插图辅助横线"，将其放至最大，按 Ctrl+C 组合键，或右击，在弹出的快捷菜单中选择"复制"选项（不能单击 CAD "复制对象"按钮 进行复制），出现"剪贴板中的图像已被 BetterWMF 修改"黄色小标签，如图 2-133 所示，切换至 Word 文档，按 Ctrl+V 组合键，或单击"开始"选项卡中"剪贴板"选项组中的"粘贴"按钮，粘贴至 Word 文档。然后在 Word 文档中双击图，单击"图片工具"选项卡中"大小"选项组中的"裁剪"按钮，裁去"插图辅助横线"，这样可以确保每个图在插入 Word 文档后，文字及图形大小与 CAD 中的 A4 页面保持一致。

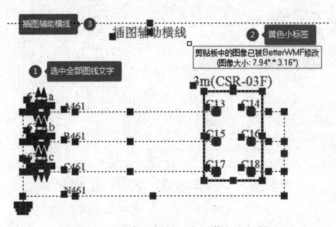

图 2-133　选中，复制，出现黄色小标签

注意：CAD 文档中的"插图辅助横线"长度为 160mm，与 Word 文档页面宽度一致，插图宽度也为 160mm，这样就能确保粘贴至 Word 文档的图中的线条长度与文字大小与 CAD 原图保持一致。

通过 BetterWMF 转换的图在打印时清晰度高，但是因为经过转换，CAD 软件不能再次编辑，为了便于今后修改，CAD 原文档不能丢失。粘贴至 Word 文档的图，版式默认为嵌入型，大小自动修剪，不必二次加工。

6. QQ 截图

打开 QQ 软件，按 Ctrl+Alt+A 组合键，弹出 QQ 截图工具条，如图 2-134 所示。

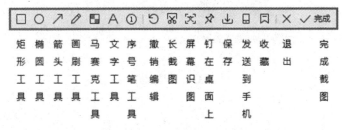

图 2-134　QQ 截图工具条

利用 QQ 可以方便地截取各种图，并可以在图上进行简单的标注，其特点如下。

（1）自动吸附圈定图边框，特别适合截取各种软件对话框；

（2）自带放大功能，将光标移至图边框附近，四角出现放大镜，使截图精确定位；

（3）在截取过程中显示图大小，可以精确截取需要的尺寸；

（4）可绘制简单线条、箭头等，输入少量文字，还可以调节文字大小；

（5）插入带统一顺序编号的标注框；

（6）识别截图中的文字，并可编辑复制识别的文字；

（7）保存为独立的图文档。

本书的大部分图使用 QQ 截图完成。

7. 横向大图的排版

横向大图的排版与横向大表相似，参见 2.4.2 节中插入横向表。

8. 删除照片背景

自拍的照片，有时为了突出重点，需要删除背景。双击图，单击"图片工具"选项卡中"调整"选项组中的"删除背景"按钮，弹出"背景消除"工具条，如图 2-135 所示。

9. 操作练习与思考

查看各科教科书中的图，对照本书图的常规要求，学习图的排版，新建各种需要的样式，练习各种编辑排版方法，完成后保留备份。

图 2-135　删除图背景

2.4.2　表

1. 表的常规要求

参考 GB/T 7713.1－2006 等文献，对表的要求解读如下：

（1）表应具有"自明性"，只看表、表名，不阅读论文内容，就可理解表的意思。

（2）表应有编号，编号由"表"和从"1"开始的阿拉伯数字组成。表较多时宜分章编号。表宜有表名，置于编号之后，编号和表名间应空一全角空格，编号和表名通常置于表上方。论文内容应与表呼应，先见文，后见表。

（3）表宜相对页面左右居中。表要精心设计，项目齐全，排列整齐美观。

（4）表中的术语、量的符号和单位等必须与论文内容中描述的完全一致。

（5）必要时，应将表中的符号、标记、代码，以及实验条件等，用精练文字在表注中说明，标记为"注："，置于表下首行。

（6）表的标题行记录项目从左至右排列，如表 2-8 中"序号""学号""姓名""年龄"，数据依序竖排。

（7）表的标题行应标明记录项目或量的符号和单位，只有在无必要标注的情况下方可省略。表中量的符号和单位，宜采用量与单位相比的形式。如：（长度）l/m，（质量）m/kg，（设备容量）P_N/kW，（电流）I/A。

（8）表中文字，中间可用逗号，但末尾不用句号。有时文字较长，前面语段已使用句号，末尾仍不用句号。

（9）建议采用国际通行的三线表。可选择 Word 自带的"古典型 1"表加以修改，如图 2-136 所示，方法见本节新建"三线表样式"。三线表如表 2-8 所示，一般上下线"笔画粗细"为 1.5 磅，中线为 0.75 磅，必要时可加辅助线。

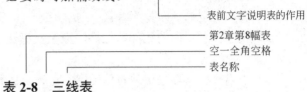

表前文字说明表的作用

第2章第8幅表
空一全角空格
表名称

表 2-8　三线表

序号	学号	姓名	年龄
1	21120801	赵一	18
2	21120802	钱二	19
3	21120803	孙三	18
4	21120804	李四	19

注：表编号及名称为 5 号黑体；表内容为 5 号宋体；表注为小 5 号宋体。

表注在表下首行

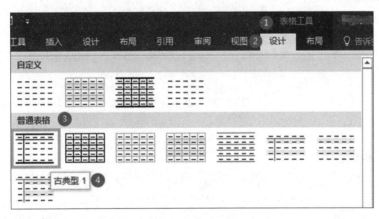

图 2-136　古典型 1 表

（10）尽可能将表全部置于同页，如表行数较多，需转页接排，在随后各页应按本节"设置重复标题行"及 2.5.3 节中"跨页长表自动编号"的方法重复编号和标题行。

2. 表的排版

1）表编号名称

表编号名称的"字体""段落"按学校、学院要求，或参考表 2-5 设置。

（1）新建"表编号名称"样式，表编号名称不能与上面段落的文字紧贴。打开"段落"对话框，在"缩进和间距"选项卡中设置"段前""段后"大于0。为确保表编号名称与表始终在同一页，勾选"换行和分页"选项卡中的"与下段同页"复选框，单击"确定"按钮。

（2）表编号与表名称间空一全角空格。比如，"表 6-2　2019 年用电负荷汇总表"不能写成"表 1-22019 年用电负荷汇总表"。

若所有记录项目的单位相同，可将该单位标注在表右上角，全文统一是否标注"单位"二字。

2）表内文字

（1）表内文字的"字体""段落"按学校、学院要求，或参考表 2-5 设置。

（2）表中内容相同的相邻单元格，应重复标注或用合并单元格通栏表示，通常不以"同左""同上"等文字代替。

（3）表内数据通常采用阿拉伯数字，可计算的数据上下小数点的位置应对齐。

（4）表内容上下位置应居中，左右位置根据具体情况整齐美观排列。

行数较少的表，宜将表内容全部置于同页。打开"段落"对话框，勾选"换行和分页"选项卡中的"与下段同页"复选框，单击"确定"按钮。但表的末行应取消勾选"与下段同页"。

（5）表相对页面居中。选中表，右击，在弹出的快捷菜单中选择"自动调整"下拉列表中的"根据内容自动调整表格"选项，使表按各列字数自动调整列宽；再选择"根据窗口自动调整表格"选项，如图 2-137 所示，将表调整为与页面同宽，快速、统一地实现全文表宽度一致，达到美观大方的效果。

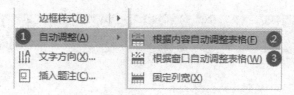

图 2-137　表格的自动调整

3. 新建表样式

1）三线表样式

选择"插入"选项卡中"表格"下拉列表中的"插入表格"选项。选中表格，弹出"表格工具"选项卡，在"设计"选项卡中的"表格样式"下拉列表中选择最下面的 "新建表格样式"选项，如图 2-138 所示。弹出"根据格式设置创建新样式"对话框。在"名

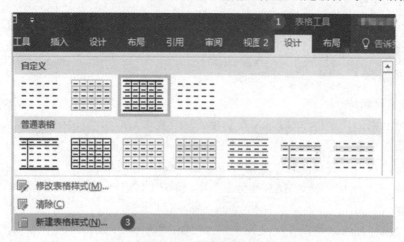

图 2-138　新建表格样式

称"文本框中输入"三线表",如图 2-139 所示。

图 2-139　根据格式设置创建新样式

选择图 2-140"格式"下拉列表中的"段落"和"字体"选项,按学校、学院要求,或参考表 2-5 设置表内文字格式。单击"边框和底纹"按钮,弹出"边框和底纹"对话框,如图 2-141 所示。

图 2-140　根据格式设置创建新样式

单击图 2-141 中的"边框"选项卡,在"样式"列表框中选择"实线","宽度"选择

"1.5 磅"，单击"上框线""下框线"按钮，将表上、下框设置为粗线；"宽度"选择"0.75磅"，单击"内部横框线""内部竖框线"按钮，将表内部分隔线设置为细线，单击"确定"按钮。三线表上、下为粗线，中间为细线，两边无框线。三线表可以只有 3 条线，即顶线、标题行线和底线，如果数据较多，宜将内部纵横线用细线全部绘出，便于阅读。

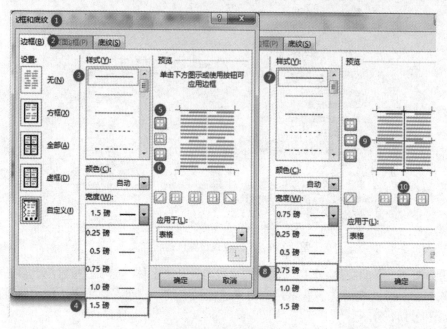

图 2-141　边框和底纹

注意： 当文档"显示比例"小于 100%时，粗线有时不显示，但打印时为粗线。

选择图 2-140"格式"下拉列表中"表格属性"选项，弹出"表格属性"对话框，如图 2-142 所示，在"表格"选项卡中的"对齐方式"选择"居中"选项，"文字环绕"选择"无"。勾选"指定宽度"复选框，在"指定宽度"文本框中输入"16 厘米"，或指

图 2-142　表格属性

定为"100%"。使插入的表格宽度一致。单击"确定"按钮。

　　"字体""段落""边框和底纹""表格属性"设置完成后，返回"根据格式设置创建新样式"对话框，单击"确定"按钮，完成新建三线表样式。

　　单击新建的表格，弹出"表格工具"选项卡，在"设计"选项卡中显示新建的"三线表"样式，光标悬停其上，自动显示其名"三线表"。选中"三线表"样式，右击，在弹出的快捷菜单中选择"设为默认值"选项，将"三线表"设置为默认值，随后插入的表均为"三线表"，无须重新设置，如图 2-143 所示。

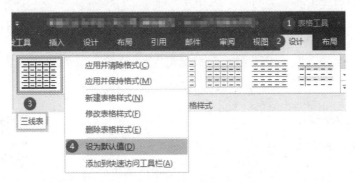

图 2-143　将三线表"设为默认值"

2）无框表样式

　　多图并排（详见 2.5.2 节）及公式编号（详见 2.5.4 节）时需要用无框表，按新建"三线表"样式的方法，新建"无框表"样式。

　　选中无框表，右击，在弹出的快捷菜单中选择"表格属性"选项，在如图 2-142 所示的"表格属性"对话框中单击"选项"按钮，弹出如图 2-147 所示的"表格选项"对话框，将"默认单元格边距""左""右"边距设置为"0 厘米"。单击"确定"按钮，便于在无框表中插图。

　　默认状态下不显示"无框表"的网格线，不便查看。选中表，单击"设计"选项卡中"边框"选项组中的"边框"下拉列表按钮，单击"查看网格线"按钮，如图 2-144 所示，即可使"无框表"显示浅色虚线框线。

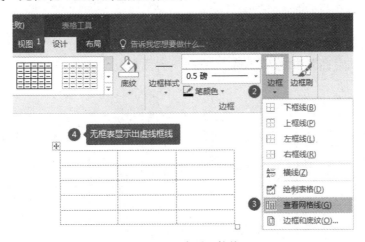

图 2-144　查看网格线

3）表样式的使用

新建的"三线表""无框表"样式排列在"表格工具"选项卡首行。"三线表"样式已设置为默认值。使用"无框表"样式时，选中表格，单击"无框表"样式即可，如图2-145所示。

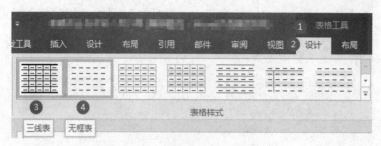

图 2-145　三线表和无框表样式

4. 编辑美化表格

1）单元格对齐方式

表格的单元格对齐方式应根据表格内容设置，选中表后右击，在弹出的快捷菜单中单击"单元格对齐方式"下拉列表中各按钮，或单击"布局"选项卡中"对齐方式"选项组中的各按钮，（版本不同中有所不同），一般都选择"中部两端对齐""水平对齐""中部右对齐"，保证文字在单元格中上下居中，如图2-146所示。

图 2-146　单元格对齐方式

标题行及序号列选择 "水平居中"，左右居中；不整齐的列如"名称""型号"列，选择"中部两端对齐"居左；"单价""总价"列按小数点对齐，选择"中部右对齐"居右，如表2-9所示。

表 2-9　电器元件表

序号	名　　称	型号规格	单位	数量	单价/元	总价/元
1	断路器	MT08H1/4P　MIC5.0P	台	1	37142.60	37142.60
2	多功能数字表	PM700	只	1	2561.00	2561.00
3	电涌保护器	PRD65r/4P	只	1	2165.10	2165.10
4	铜排	80×6	kg	77	45.00	3465.00
5	环氧粉末喷镀柜体	按订货图纸	台	1	2700.00	2700.00

2）调整表选项

有时表中文字较多，如表 2-10 所示，一行难以容纳，个别字被挤至第二行，影响美观。选中表，右击，打开"表格属性"对话框，如图 2-142 所示，单击"选项"按钮，弹出"表格选项"对话框，将"默认单元格边距"中"左""右"边距从"0.19 厘米"调整为"0.1 厘米"，如图 2-147 所示，单击"确定"按钮。调整后文字可置于一行，如表 2-11 所示，然后参考图 2-137，选中表右击，在弹出的快捷菜单中选择"自动调整"下拉列表中的"根据内容自动调整表格"选项，再单击"根据窗口自动调整表格"按钮，即可使表布局合理，美观大方。

注意：不宜将"左""右"边距设置为"0 厘米"，如表 2-12 所示，文字太过拥挤。

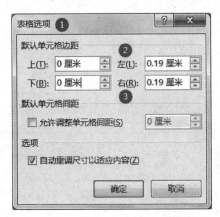 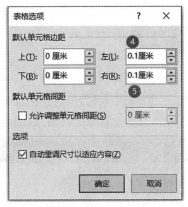

图 2-147　调整表格选项

表 2-10　未调整表格选项，一个字在下不美观

序号	姓名	国家	省	市	区	门　　牌	学院	部门
1	赵一钱	中国	江苏	南京	玄武区	神策门外大仓街 78 号-25	机械与自动化工程学院	机械实验室
2	孙李周	中国	江苏	南京	玄武区	神策门外大仓街 78 号-25	机械与自动化工程学院	机械实验室

表 2-11　调整表格选项后的表格，单元格左右边距为 0.1 厘米

序号	姓名	国家	省	市	区	门　　牌	学　院	部门
1	赵一钱	中国	江苏	南京	玄武区	神策门外大仓街 78 号-25	机械与自动化工程学院	机械实验室
2	孙李周	中国	江苏	南京	玄武区	神策门外大仓街 78 号-25	机械与自动化工程学院	机械实验室

表 2-12　默认单元格边距调整为 0 厘米，表格拥挤不美观

序号	姓名	国家	省	市	区	门　牌	学院	部门	实验室
1	赵一钱	中国	江苏省	南京市	玄武区	神策门外大仓街78号-25	机械与自动化工程学院	机械实验室	液压技术实验室2
2	孙李周	中国	江苏省	南京市	玄武区	神策门外大仓街78号-25	机械与自动化工程学院	机械实验室	流体力学实验室1

如表 2-10～表 2-12 所示，在同一页的若干个表应宽度一致，尽可能全文所有表格宽度一致。如果宽度不一致，选中表，右击，按图 2-137 调整。

3）分散对齐

有时表格同一列中各行字数差异较大，且不是倍数关系，不能用空格将文字对齐，如表 2-13 中"设置前"所示，可通过"分散对齐"将文字上下对齐。清点最多字数项，表中"钻石王老五的艰难爱情"为 10 个字。单击"开始"选项卡中"段落"选项组中的"分散对齐"按钮，弹出"调整宽度"对话框，将"新文字宽度"设置为"10 字符"（最多字数），如图 2-148 所示，单击"确定"按钮。选中其他文字，单击"分散对齐"按钮，将其余各行文字均设置为"10 字符"即可实现上下行文字对齐。表 2-13 显示"设置后"比"设置前"美观。

表 2-13　分散对齐效果对比表

序号	设置前	设置后	字数
1	杨光的快乐生活	杨 光 的 快乐 生活	7
2	少年王	少　　年　　王	3
3	魔剑生死棋	魔　剑　生　死　棋	5
4	钻石王老五的艰难爱情	钻石王老五的艰难爱情	10
5	哑妻	哑　　　　妻	2

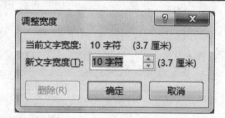

图 2-148　分散对齐，调整宽度

4）平均分布

表的行或列均衡分布较美观。选中表在"表格工具"选项卡中"布局"选项卡中的"单元格大小"选项组中有相关按钮，如图 2-149 所示。表 2-14 中"设置后"行高相等，列宽与内容相协调，较美观。

表 2-14　平均分布行或列，设置前后对比

序号	设置前	序号	设置后
1	杨 光　的 快　乐 生活	1	杨 光 的 快 乐 生活
2	少年王	2	少　　年　　王
3	魔 剑生死 棋	3	魔　剑　生　死　棋
4	钻石王老五的艰难爱情	4	钻石王老五的艰难爱情
5	哑妻	5	哑　　妻

图 2-149　平均分布行和分布列

5）插入或删除的快捷方式

选中需要删除的行、列或整个表格，按 Backspace 键。如图 2-150 所示，上面为选中整行，删除整行；下面为选中整列，删除整列。

序号	名　　称	×××	×××	×××
1	杨 光 的 快 乐 生 活			
2	少　　年　　王			
3	魔 剑 生 死 棋			
4	钻石王老五的艰难爱情			
5	哑　　妻			

序号	名　　称	×××	×××	×××
1	杨 光 的 快 乐 生 活			
2	少　　年　　王			
3	魔 剑 生 死 棋			
4	钻石王老五的艰难爱情			
5	哑　　妻			

图 2-150　选中行删除行，选中列删除列

插入行的快捷方式为光标置于要插入行的右边外侧，按 Enter 键，即可插入 1 行。

光标置于列线上方或行线外侧，悬停，单击出现的"+"，可快速插入列或行，如图 2-151 所示。

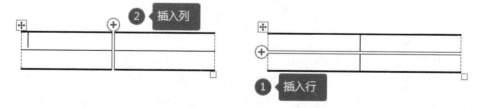

图 2-151　快速插入列与行

6）多表合并

将两个表格置于上下位置，中间剩一个空行，光标置于两表之间，按 Delete 键即可合并表格。不同列宽的表用此方法合并后欠美观，且不易调整，如表 2-15 所示。应按

图 2-151 的方法插入需要的行数，将下表内容转移至上表。

表 2-15　不同列宽的表合并结果

7）插入表编号名称行

如果在文档的首行插入了表格，忘记留出表编号和名称行，就无法输入表格编号和名称如图 2-152 所示。这时可将光标置于首行，在"布局"选项卡中的"合并"选项组中单击"拆分表格"按钮，如图 2-153 所示，即可在表上方出现一空行，用于插入表编号名称。光标置于表要拆分的行，按 Ctrl+Shift+Enter 组合键也可以快速拆分表。插入表后，表下方无法输入文字，也可在表末行增加一行，然后拆分表格，即可继续输入文字。

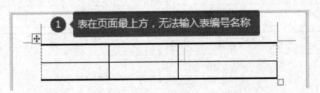

图 2-152　表在页面最上方，无法输入表编号及名称

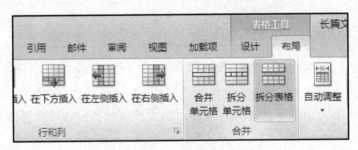

图 2-153　拆分表格

8）表与文本互为转换

（1）表转换为文本。

从网上下载的资料往往是表格形式的，选中表，选择"表格工具"→"布局"→"数据"→"转换为文本"选项，如图 2-154 所示，弹出如图 2-155 所示的"表格转换成文本"对话框，"文字分隔符"选择"制表符"选项，单击"确定"按钮，将表格转换成文本，如图 2-156 所示。转换后文字间有许多制表位符→、回车符↵等，这些格式标记符可用"查找和替换"功能快速删除，方法见 2.7.1 节查找和替换。

图 2-154　转换为文本

图 2-155　表格转换成文本

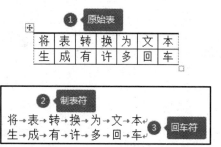

图 2-156　表转换前后

（2）文本转换为表。

在表中输入文字，要不断切换单元格，影响输入速度。为了提高输入速度，可先将表内文字以文本输入，文字间以空格作为列间隔，回车作为行间隔，如图 2-157 所示。选中要转换成表格的全部文字，单击"插入"选项卡中"表格"下拉列表中的"文本转换成表格"按钮，弹出"将文字转换成表格"对话框，如图 2-158 所示，"文字分隔位置"选择"空格"选项，单击"确定"按钮。

图 2-157　文本转换成表格

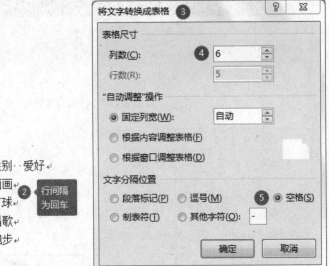

图 2-158　将文字转换成表格

9）设置重复标题行

如果表长度大于一页，宜设置"重复标题行"，在每页自动显示标题，便于查看。

选中表，选择"表格工具"→"布局"→"数据"→"重复标题行"选项，如图 2-159
所示，即可在表第 2 页的首行自动出现标题，（也可以根据需要设置多行）。设置"重复
标题行"的表只能在首页修改标题内容，其他页不能选中或修改。

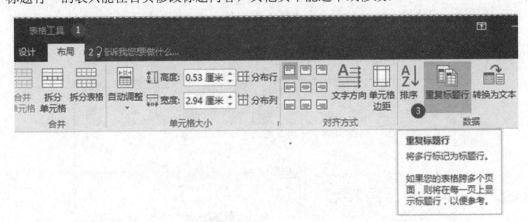

图 2-159　重复标题行

10）插入横向表

有时表的项目和数据很多，纵向表格无法呈现，可插入横向表。

首先按 2.2.2 节中文档的分节的方法插入两个"分节符"。光标置于横向表的节，单
击"布局"选项卡中"页面设置"选项组中的"纸张方向"下拉列表按钮，选择"横向"，
插入横向表。光标置于横向表结束后的节，"纸张方向"选择"纵向"，恢复纵向页面。
将页面设置成"纵－横－纵"的形式，如图 2-160 所示。

论文内容分多节后论文总页数设置见 2.5.7 节，参考文献的位置见 3.1.4 节。

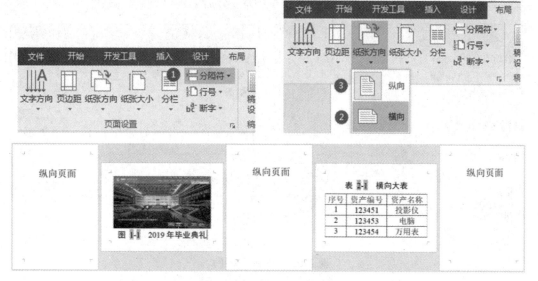

图 2-160 纵—横—纵页面

5. 表格内容计算操作

插入表后可对表内容进行简单计算操作。单击"表格工具"选项卡中"布局"选项卡中的"数据"选项组，再单击"排序"按钮，可对列进行"升序"或"降序"排列，如图 2-161 所示。

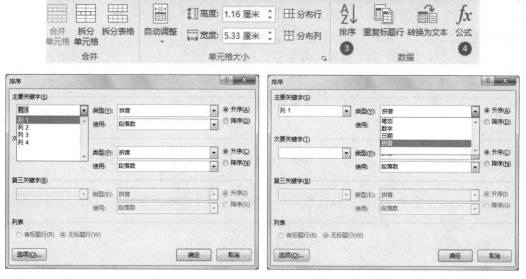

图 2-161 排序

单击"公式 *fx*"按钮，弹出"公式"对话框，在"粘贴函数"下拉列表中选择 SUM 或 AVERAGE 等选项，可进行"求和""求平均"等简单计算，如图 2-162 所示。注意计算时要指定计算的范围，如 ABOVE 或 LEFT 等。最后单击"确定"按钮。

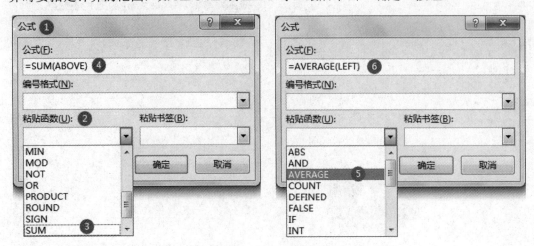

图 2-162　求和、求平均

6. 操作练习与思考

查看各科教科书中的表，对照本书表的常规要求，学习表的排版，新建各种需要的样式，练习编辑美化表格的各种方法。完成后复制保留备份。

2.4.3　公式

1. 公式的常规要求

参考 GB/T 7713.1－2006 等文献，对公式要求解读如下：

（1）通常重要的，未代入数据的，或后文将引用的公式应另起行，居中书写，与上下文间留足空白，并编号。

（2）公式编号应从"1"开始，编号置于括号内，编号右对齐。公式较多时，宜分章编号。公式编号前不写"式"字，公式与公式编号间不用点线连接，但在引用该公式编号时，其前应加"式"字。如：勾股定理如式（2-1）所示。

$$a^2 + b^2 = c^2 \qquad\qquad (2\text{-}1)$$

（3）较长的公式需转行时，通常在"＝"处回行，且上下"＝"对齐。

（4）公式中分数线长度应等于或略大于分子和分母中较长的一方。

（5）论文内容中书写公式或分数，尽可能不使用公式编辑器输入，将高度降低为一行。如分数线用"/"，根号改为负指数。如：

将 $\dfrac{1}{\sqrt{2}}$ 写成 $1/\sqrt{2}$ 或 $2^{-1/2}$

（6）化学反应式在反应方向符号"→""＝""⇋"等处转行。式中的反应条件应使用比论文内容字号小 1 号的文字，标注于反应方向符号的上方或下方。

（7）公式中量的符号和单位等必须与论文内容中描述的完全一致。

（8）应特别注意公式中量的符号和单位，区分正体、斜体、大写、小写、上标与下标。对于易混淆之处，应加以特别说明。

（9）首次出现的公式，如果不是公知的，公式中的符号应注释说明。公式下方的"式中"两字另起行，顶格，按公式中符号出现的先后顺序注释，通常将破折号对齐。

（10）公式计算结果的单位是否置于括号之中，应全文统一。

2. 公式排版示例

公式排版示例如下：

平均负荷 P_{av}，就是电力负荷在一定时间 t 内平均消耗的功率，则

"则"字后面无标点符号

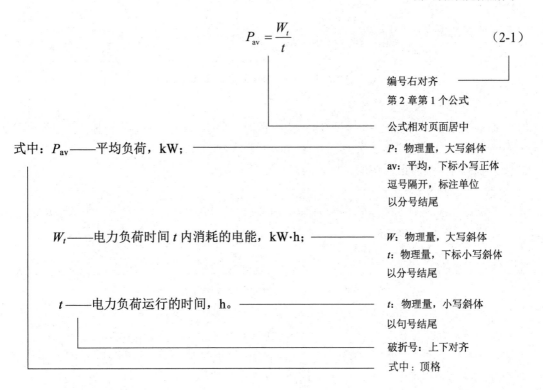

$$P_{av} = \frac{W_t}{t} \qquad (2\text{-}1)$$

编号右对齐
第 2 章第 1 个公式
公式相对页面居中

式中：P_{av}——平均负荷，kW；

P：物理量，大写斜体
av：平均，下标小写正体
逗号隔开，标注单位
以分号结尾

W_t——电力负荷时间 t 内消耗的电能，kW·h；

W：物理量，大写斜体
t：物理量，下标小写斜体
以分号结尾

t——电力负荷运行的时间，h。

t：物理量，小写斜体
以句号结尾
破折号：上下对齐
式中：顶格

公式的注释也可以采用接排的方法，注意全文应统一。如式中：P_{av} 为平均负荷，kW；W_t 为电力负荷时间 t 内消耗的电能，kW·h；t 为电力负荷运行的时间，h。

3. 公式编辑器

1）优先使用公式 3.0

尽可能使用 Word 自带的公式编辑器，不宜加装其他公式编辑器，以免指导老师软件版本不兼容，无法正常显示或修改。

由于单击"插入"选项卡中"符号"选项组中的"π 公式"按钮，插入的公式有时不易编辑，推荐优先使用 Microsoft 公式 3.0 插入公式。（有的 Word 版本没有 Microsoft 公式 3.0）

选择"插入"→"文本"→"对象"选项，弹出"对象"对话框，在"新建"选项卡的"对象类型"列表框中选择 Microsoft 公式 3.0 选项，单击"确定"按钮，如图 2-163

所示。插入的公式为带灰色底纹的域，输入完成后单击页面空白处，退出公式编辑器界面。

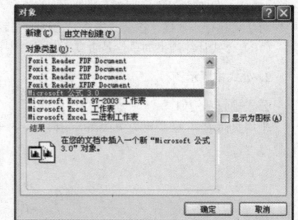

图 2-163　插入 Microsoft 公式 3.0

2）公式编辑器灰色不能用

若无 Microsoft 公式 3.0，就使用公式编辑器。单击"插入"选项卡中"符号"选项组中的"π 公式"按钮插入公式。有的 Word 版本中的"π 公式"按钮显示为灰色，如图 2-164 所示，不能正常使用，可以用下述方法解决。

图 2-164　兼容模式，插入，公式按钮为灰色

（1）方法一。

这种情况可能是因为文档为 Word2003 版，扩展名为.doc，Word 2010 以兼容模式打开.doc 文档，单击"文件"按钮，从弹出的菜单中单击"另存为"按钮，弹出"另存为"对话框，在"保存类型"下拉列表中选择"Word 文档"选项，可以保存为.docx 格式。再打开另存为后的.docx 文档重试，如图 2-165 所示。

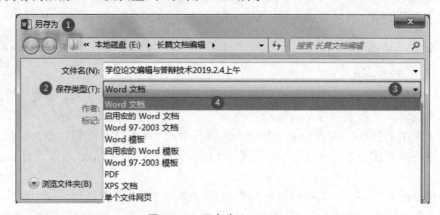

图 2-165　另存为 Word 2016

还可从"文件"菜单中单击"信息"按钮，再单击"转换"按钮，如图 2-166 所示。弹出提示对话框如图 2-167，单击"确定"按钮，实现转换，公式可能就恢复正常。

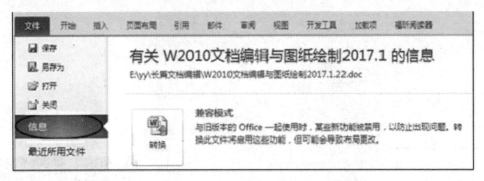

图 2-166　信息，转换

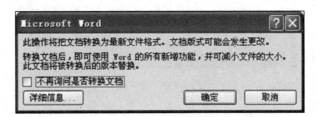

图 2-167　Microsoft Word 提示对话框

（2）方法二。

打开"Word 选项"对话框，单击"自定义功能区"选项卡，在"自定义功能区"下拉列表中选择"主选项卡"选项，勾选"开发工具"复选框，单击"确定"按钮，如图 2-168 所示。在选项标签中添加了"开发工具"选项卡。

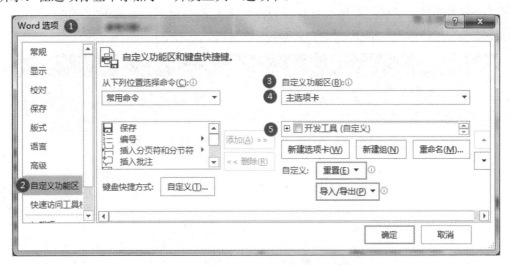

图 2-168　自定义功能区和键盘快捷键

选择"视图"选项卡中"宏"下拉列表中的"录制宏"选项，弹出"录制宏"对话框，在"宏名"文本框中输入"公式"，单击"确定"按钮，如图 2-169 所示，光标变成录音磁带状，需要停止时单击"开发工具"选项卡中的"停止录制"按钮，可使公式恢复正常。

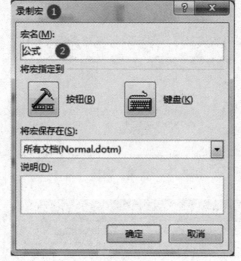

图 2-169　录制宏

3）插入 π 公式

选择"插入"选项卡中"符号"选项组中"π 公式"下拉列表中的"插入新公式"选项，如图 2-170 所示（这种方法插入的公式有时不容易编辑，不推荐使用），弹出"公式工具"选项卡，如图 2-171 所示。在"结构"选项组中可选择公式基本结构，如单击"上下标""根式"按钮，弹出下拉列表，如图 2-172 所示，根据需要选择具体形式。单击"工具"选项组对话框启动器按钮，弹出"公式选项"对话框，如图 2-173 所示，查看"公式区的默认字体"下拉列表如有 Times New Roman 选项，选择该字体。"对齐方式"选择"整体居中"选项。单击"确定"按钮。

图 2-170　插入新公式

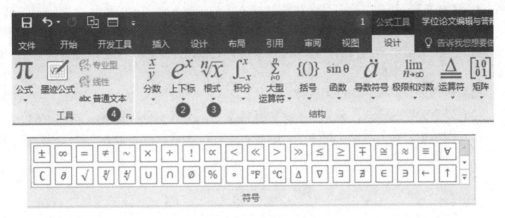

图 2-171 公式工具

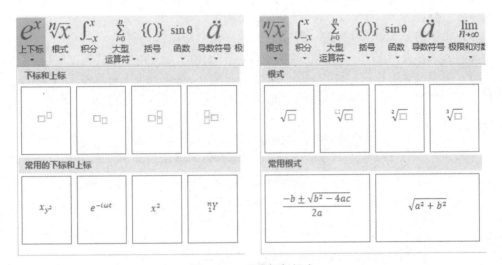

图 2-172 上下标与根式

图 2-173 公式选项

4）注意事项

使用公式编辑器时应注意：

（1）用公式编辑器插入的公式，通常字体为 Cambria Math，无法修改为论文统一的 Times New Roman 字体。

（2）物理量为斜体，单位为正体。

（3）带有分数的公式，公式行不宜有任何文字，不然字号会变小。如下面两个"一元二次方程求根公式"对比，第 1 个公式独占一行，显示正常；第 2 个公式因为前面有文字，字号变小，影响美观。

$$x = \frac{-b \pm \sqrt{b^2 - 4ac}}{2a}$$

一元二次方程求根公式：$x = \frac{-b \pm \sqrt{b^2 - 4ac}}{2a}$

（4）一行应使用一个公式编辑，不宜使用多个公式相连。

（5）相似的公式可采用复制、粘贴后修改，比重新编辑方便。

（6）公式在页面居中，编号格式为"章-n"，如第 2 章第 1 个公式为（2-1）。

（7）如果公式不显示，打开如图 2-174 所示的"Word 选项"对话框，单击"高级"选项卡，在"显示文档内容"选项区，取消勾选"显示图片框"复选框，单击"确定"按钮。

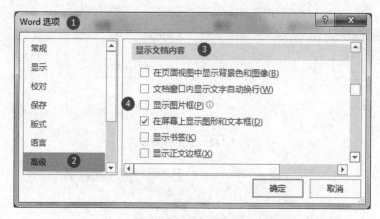

图 2-174　显示图片框

（8）公式版式应为嵌入型，方法参考 2.4.1 节图的排列布局，一般默认为嵌入型。

4. 公式的修改

公式如式（2-2）所示，输入后如果需要修改，可选中公式后右击，在弹出的快捷菜单中单击"'公式'对象"下拉列表，再单击"打开"按钮，如图 2-175 所示，弹出"公式编辑器"对话框，如图 2-176 所示。根据需要对公式进行修改。有的版本可以直接在"开始"选项卡中的"字体"选项组中修改公式。修改后单击"确定"按钮。

在图 2-176 中单击"样式"下拉列表可修改字体，选择"文字"选项设置字体为正体，选择"变量"选项设置字体为斜体。单击"尺寸"下拉列表可修改上标或下标。修改后单击"确定"按钮。

$$S = \sqrt{P^2 + Q^2} \qquad\qquad (2\text{-}2)$$

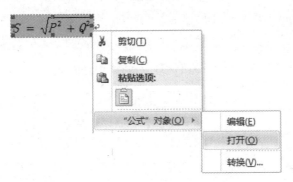

图 2-175　打开公式

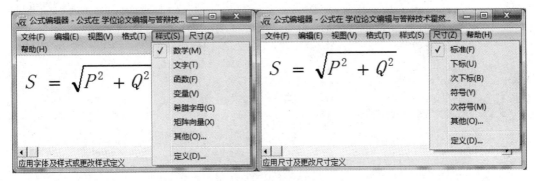

图 2-176　公式编辑器

如果公式字体过小，需要不断调整。可选择图 2-176 "尺寸" 下拉列表中 "定义" 选项，弹出 "尺寸" 对话框，如图 2-177 所示，修改公式的尺寸，修改后单击 "应用" 和 "确定" 按钮，再打开其他公式时会自动调整字体大小。

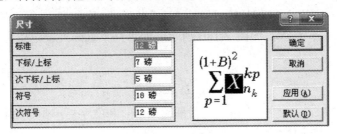

图 2-177　尺寸

5. 化学方程式的输入

化学方程式可使用专用软件输入，如 ChemDraw 软件。如果化学方程式较少，可用 Word 直接输入，但比较复杂，且欠美观；也可以在 CAD 中将方程绘制成图，按 2.4.1 节中运用 CAD 软件绘制论文插图的方法插入。

1）插入符号

插入式（2-3）中的 "≙" 符号：单击 "插入" 选项卡中 "符号" 选项组中的 "公式"

按钮，插入公式，如图 2-178 所示。单击"运算符"下拉列表按钮，选择"≙"符号。

式（2-4）中的"≙"符号也可通过选择"开始"→"字体"→"拼音指南"，按图 2-179 输入，单击"确定"按钮。

$$2Al(OH)_3 \triangleq Al_2O_3 + H_2O \qquad (2\text{-}3)$$

$$2Al(OH)_3 \triangleq Al_2O_3 + H_2O \qquad (2\text{-}4)$$

图 2-178 公式编辑器，运算符

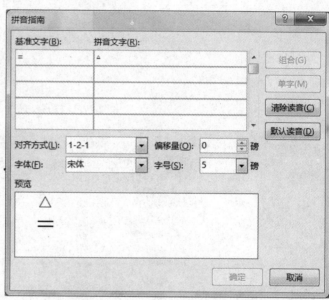

图 2-179 拼音指南输入公式符号

2）拼音指南输入双向箭头加催化剂

式（2-5）中的"双向箭头加催化剂"用拼音指南输入。单击"插入"选项卡中"符号"选项组中的"符号"下拉列表，单击"其他符号"按钮，弹出"符号"对话框，在"字体"下拉列表中选择 MS UI Gothic 或 MS Reference Sans Serif 等选项，"子集"下拉列表中选择"箭头"选项，如图 2-180 所示，即可在下方的列表中找到双向箭头，单击"插入"按钮。

$$2SO_2 + O_2 \underset{}{\overset{催化剂}{\rightleftharpoons}} 2SO_3 \qquad (2\text{-}5)$$

参考图 2-179，在"拼音指南"对话框输入符号和文字后单击"确定"按钮。

3）拼音指南与字体结合输入长等于号

式（2-6）中长等于号的输入，打开"拼音指南"对话框，在"基准文字"文本框中输入两个破折号作为长等于号的第 1 条线，在"拼音文字"文本框中输入"放电或高温"，"字号"为"8"，单击"确定"后选中，打开"字体"对话框，勾选"字体"选项卡中的"删除线"复选框，单击"确定"按钮，成为长等于号的第 2 条线，如图 2-181 所示。

$$N_2 + O_2 \overset{放电或高温}{=\!=\!=} 2NO \qquad (2\text{-}6)$$

式（2-7）中长等于号的输入，打开"拼音指南"对话框，在"基准文字"文本框中输入 5 个空格，在"拼音文字"文本框中输入"放电或高温"，单击"确定"按钮后选中，

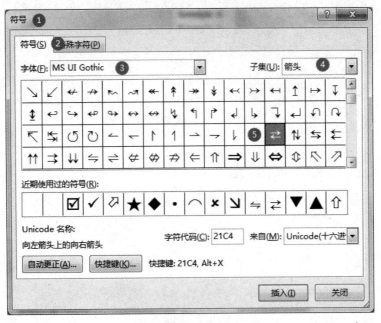

图 2-180　插入双向箭头

打开"字体"对话框，勾选"字体"选项卡中的"双删除线"复选框，单击"确定"按钮，成为长等于号，如图 2-181、图 2-182 所示。

$$N_2+O_2 \xlongequal{放电或高温} 2NO \tag{2-7}$$

图 2-181　使用拼音指南和删除线输入化学式

4）用公式 3.0 输入

按图 2-163 的方法插入 Microsoft 公式 3.0，先选择"分式和根式"选项，再选择"底线和顶线"选项，如图 2-183 所示，即可输入式（2-8），但这个化学式的长等于号的长短有差异。

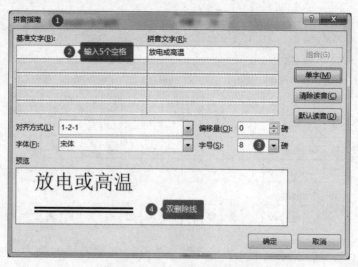

图 2-182　使用拼音指南和双删除线输入化学式

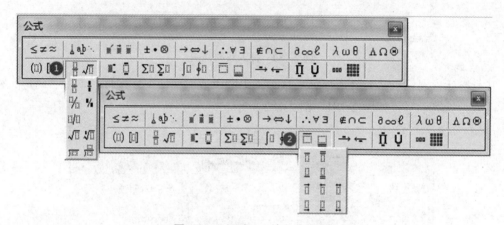

图 2-183　公式 3.0 输入化学式

$$A+B \xrightarrow[\triangle]{催化剂} C\uparrow +D\downarrow \tag{2-8}$$

6. 表格及内容中的公式

表及论文内容中有时会输入部分小公式，如 $R=U/I$，这些公式简单且不需编号，尽可能不采用公式编辑器输入。部分有上标、下标的公式，如勾股定理公式，可单击"开始"选项卡中"字体"选项组中的"上标""下标"按钮实现 $a^2+b^2=c^2$ 的输入。

7. 算术符号及希腊字母

公式编辑器中设有算术符号及希腊字母按钮，单击"符号"下拉列表按钮，弹出快捷菜单，选择"希腊字母"，"算术符号"如图 2-184 所示。公式编辑器中的算术符号比较丰富。

右击图 1-6 中各种软键盘按钮，弹出软键盘选项菜单，选择"希腊字母"，选择需要的符号或字母即可，如图 2-185 所示。

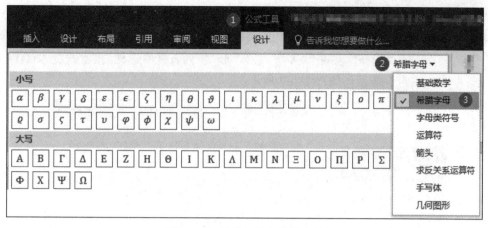

图 2-184　公式工具中希腊字母

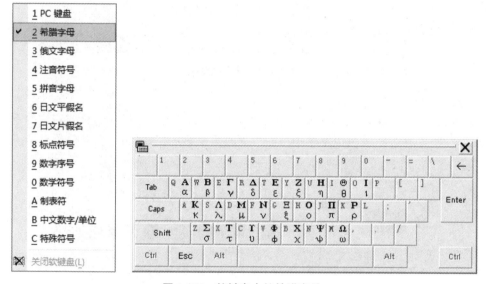

图 2-185　软键盘中的希腊字母

8. 插入公式后行距的调整

有时在论文内容中插入公式，编辑后行距变宽，高于两旁文字，双击公式可使公式与两旁文字对齐；或参考图 2-22，在"页面设置"对话框中的"文档网格"选项卡中将"网格"设置为"无网格"，单击"确定"按钮。调整前后对比如图 2-186 所示。

图 2-186　网格调整前后公式行距对比

9. 公式显示不正常

1）双击后显示为其他公式

有时公式编辑器编辑的公式表面是正常的，双击打开后显示的却是其他公式。这种现象可能是 Word 版本不同造成的，只能重新输入。为了避免发生类似情况，组合文档时单击"开始"选项卡中的"剪贴板"选项组，在"粘贴"下拉列表中选择"选择性粘贴"选项，在弹出的"选择性粘贴"对话框中的"形式"列表框中选择"带格式文本（RTF）"选项，单击"确定"按钮，如图 2-187 所示。

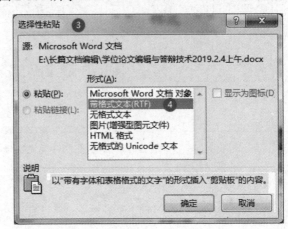

图 2-187　选择性粘贴

2）分数显示非常小

如果公式的分数显示非常小，如图 2-188 中第 1 个公式。可单击公式右边的下拉列表按钮"▼"，在弹出的快捷菜单中单击"更改为'显示'"按钮，会使分数显示正常。

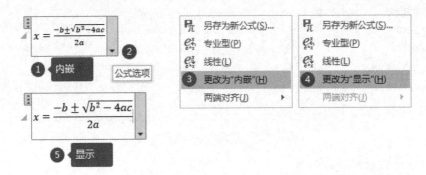

图 2-188　公式选项，更改为"显示"

10. 操作练习与思考

查看各科教科书中的公式，对照本书公式的常规要求，学习公式的排版，插入公式，练习各种编辑排版方法。公式注释的"字体""段落"按学校、学院要求，或参考表 2-5 设置，新建"式中"公式注释样式。完成后复制保留备份。

2.5　题注与交叉引用（图、表、公式自动编号）

2.5.1　要点概述

论文普遍要求图、表随文编排，先见文字后见图、表，通过插入"题注"为图、表、公式等自动编号，不但能快速自动统一，增减调整方便、交叉引用无误，还能自动生成图、表目录，反之后期整理工作烦琐无比，容易出错。

2.5.2　图题注（自动排序编号）

图宜紧置于首次引用该图的论文内容之后。

1. 图"题注"编号

1）插入题注（图自动编号）

选中准备插入编号题注的图，右击，在弹出的快捷菜单中选择"插入题注"选项，弹出"题注"对话框。单击"标签"下拉列表，查看是否有"图"标签，如没有则单击"新建标签"，弹出"新建标签"对话框，在"标签"文本框中输入"图"，新建"图"标签，如图 2-189 所示，单击"确定"按钮，返回"题注"对话框。因为图编号与名称应置于图下方，单击"题注"对话框"位置"下拉列表按钮选择"所选项目下方"选项，单击"确定"按钮。

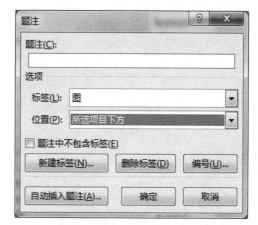

图 2-189　插入图编号题注

2）分章编号

如果论文中图较多，宜分章编号。单击图 2-189 所示"题注"对话框中的"编号"按钮，弹出"题注编号"对话框，勾选"包含章节号"复选框，在"格式"下拉列表中选择阿拉伯数字"1，2，3"选项。在"章节起始样式"下拉列表中选择"标题 1"选项。在"使用分隔符"下拉列表中选择"连字符"选项，如图 2-190 所示，注意有时选择"连字符"，显示不正常，可改为"短划线"等其他选项，如图 2-191 所示。单击"确定"按钮，返回"题注"对话框，单击"确定"按钮。

因为图编号在图下方，且必须与图在同一页，按 2.2.4 段落设置中的要求表 2-5，将"图"所在的行的"换行与分页"设置为"与下段同页"。图编号（图题注）行不要设置"与下段同页"。"图"和"图编号名称"的"字体""段落"按学校、学院要求，或参考表 2-5 设置，新建"图"和"图编号名称"样式如图 2-197 所示，不要使用文档自带的"题注"样式。

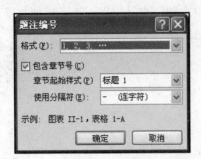

图 2-190　题注编号

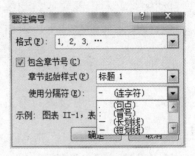

图 2-191　使用分隔符

插入图后选中图，单击"样式"任务窗格中的"图"样式；选中图"题注"编号与名称，单击"图编号名称"样式。完成"图"和"图编号名称"的设置。

3）多图并排编号

如果几个并列的图内容相关，可使用一个编号和名称，不用置于无框表中，如图 2-189 所示。

如果几个并列的图内容无关，为了方便交叉引用，并列图要置于 2.4.2 节新建的无框表样式中，每图一列，分别编号。先将图分别插入"题注"编号，再将图和题注一起选中并"剪切"，光标置于无框表中"粘贴"即可。

4）分节编号

在图 2-191 所示的"章节起始样式"下拉列表中选择"标题 2"，在"使用分隔符"下拉列表中选择"句点"，即可实现分节编号，题注显示为"图 1.1.1"。这时"使用分隔符"下拉列表如果选择"连字符"，就会显示为"图 1.1-1"，不合适。

2. 图编号题注的交叉引用

图通常置于首次引用该图的论文内容之后，在论文中说明图的作用，有"****如图*-*所示"的描述，图尽可能紧跟其后。

如果论文中图较多，修改论文时要不断增加、删除图，或调整图的先后顺序，这时要不断调整"如图*-*所示"的描述，人为调整非常麻烦，容易出错。Word 的"交叉引用"功能，可以方便、快捷、准确地解决这一难题。

在图前段落中输入"如所示"，光标置于需要插入"交叉引用"的"如"字后面，单击"插入"选项卡中"链接"选项组中的"交叉引用"按钮，如图 2-192 所示，或单击"引用"选项卡中"题注"选项组中的"交叉引用"按钮，如图 2-193 所示。弹出"交叉引用"对话框，如图 2-194 所示。在"引用类型"下拉列表中选择"图"选项。在"引用哪个题注"列表框中选择需要的图编号。在"引用内容"下拉列表中选择"只有标签

图 2-192　交叉引用

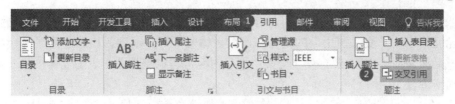

图 2-193　交叉引用

图 2-194　图题注交叉引用

和编号"，单击"插入"按钮。

按图 2-30 的方法显示域底纹，插入处出即可显示有灰色底纹的交叉引用域，如图 2-195 所示。光标置于"交叉引用"的灰色图号处，显示提示标签，"按住 Ctrl 并单击可访问链接"，单击灰色底纹图号，光标自动跳转至对应的图。灰色底纹不会被打印。

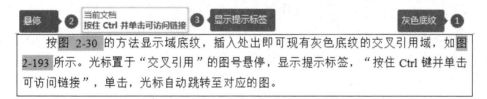

图 2-195　有灰色底纹的交叉引用域

图、表、公式编号"题注"与"交叉引用"在论文的编辑过程中应随时进行，也就是插图后立即插入"题注"和"交叉引用"，顺序进行，才能一气呵成（本书均采用这一方法）。如果在论文全部完成后集中编号与引用，需要重新阅读上下文，且思路不畅，容易出错。

3. 更新域

在插入编号"题注"和"交叉引用"的过程中，如果内容调整前后顺序，添加或删除图表，有的文档编号会自动更新，有的不会，但是"交叉引用"不会随时自动更新。这时论文内容中"交叉引用"的编号与图、表编号不同步，容易出错。为了防止出错，在调整后要及时"更新域"，使"交叉引用"的编号与调整后图、表的编号同步（本书均采用这一方法）。

按 Ctrl+A 组合键，全选，右击，在弹出的快捷菜单中选择"更新域"选项，弹出"更新目录"对话框，选择"更新整个目录"选项，如图 2-196 所示，单击"确定"按钮。更新后"交叉引用"编号与图、表"题注"编号同步。

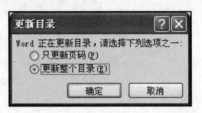

图 2-196　更新域

4. 操作练习与思考

插入图"题注"，实现自动编号，编号与图名称之间空一全角空格，图适当命名。按学校、学院要求，或参考表 2-4、表 2-5，设置图和图名称编号样式。插入"交叉引用"说明每幅图的作用。练习增加、删除图，调整前后内容位置，"更新域"查看"题注"与"交叉引用"是否正确。

2.5.3　表题注（自动排序编号）

表宜紧置于首次引用该表的论文内容之后。

1. 表"题注"编号

选中准备插入编号题注的表，右击，在弹出的快捷菜单中选择"插入题注"选项，弹出"题注"对话框，参考 2.5.2 节插入题注（图自动编号）。

在如图 2-189 所示的"题注"对话框中单击"标签"下拉列表，查看是否有"表"标签。如果没有"表"标签，按插入图题注的方法新建"表"标签。

因为表编号与名称应置于表上方，在"位置"下拉列表中选择"所选项目上方"选项。图 2-190、图 2-191 所示的"题注编号"对话框中的设置与图题注相同，单击"确定"按钮。

插入表"题注"后选中表"题注"编号与名称，单击"表编号名称"样式。完成"表编号名称"的设置。

虽然 Word 有自带的"题注"样式，但由于表"题注"编号在表上方，且必须与表在同一页。而图"题注"编号在图下方，也必须和图在同一页，因此不能公用同一"题注"样式，必须将表编号和图编号样式分开。表编号名称的"换行与分页"设置为"与下段同页"，图编号名称不能设置为"与下段同页"。

"图编号名称"与"表编号名称"均为居中，需新建的与图、表相关的样式如图 2-197

所示。

表编号名称	与下段同页	↵
图	与下段同页	↵
图编号名称	不要 与下段同页	↵
图表内文字	与下段同页	↵

图 2-197 新建与图、表相关的样式

2．表编号题注的交叉引用

参考图编号题注的交叉引用的方法插入表"交叉引用"，图 2-194 中"引用类型"选"表"，单击"确定"按钮，随时完成表的编号与交叉引用。

3．跨页长表自动编号

有时表非常长，占两页甚至多页。转页的表，应在续表上方居中注明"续表"，续表的表名和标题行应重复排出。该表的第 1 页按表"题注"编号的方法编号。

编辑续表时，先将该表复制粘贴至下一页。在表标题行上方插入一行，将该行设置为无边框，在该行输入"续"字，光标置于"续"字后。在图 2-194 所示的"交叉引用"对话框中"引用内容"选择"整项题注"选项，单击"确定"按钮。把该表的"编号"和"名称"全部显示在"续"字后面。参见 2.4.2 节设置重复标题行，将"续表编号名称行"和"表标题行"全部设置为"重复标题行"，后续各页就自动出现续表编号和标题行，如图 2-198 所示。

		交叉引用表编号名称	
无边框 ②			
无边框 ①	续表 1-1 跨页长表 ⑤ 重复标题行		
			粗线 ③
重复标题行 ⑥ 序　　号	姓　　名	学　　号	
21	马廿一	202021	
22	沈廿二	202022	
23	唐廿三	202023	
24	吴廿四	202024	
25	杨廿五	202025	

图 2-198 跨页长表自动编号

4．生成图、表目录

参考 GB/T 7713.1－2006 等文献，论文中图、表较多时可列出图、表目录。

单击"引用"选项卡中"题注"选项组中的"插入表目录"按钮，如图 2-199 所示，

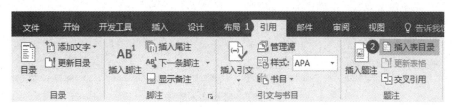

图 2-199 引用，插入表目录

弹出"图表目录"对话框，单击"图表目录"选项卡，勾选"显示页码""页码右对齐""包括标签和编号"复选框，在"题注标签"下拉列表中分别选择"图"和"表"选项，单击"确定"按钮，分别生成"图"目录和"表"目录，如图 2-200 所示。

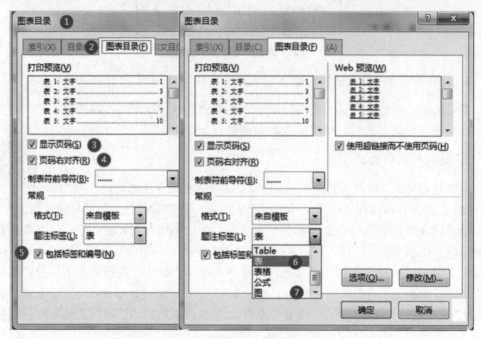

图 2-200　插入图、表目录

5. 自动插入表"题注"

选中表右击，在弹出的快捷菜单中选择"插入题注"选项，弹出"题注"对话框，如图 2-201 所示，单击"自动插入题注"按钮，弹出"自动插入题注"对话框，勾选

图 2-201　自动插入题注

"Microsoft Word 表格"复选框，单击"确定"按钮，即可在插入表时自动生成编号。图由于格式较多，无法实现插入图时自动生成编号，如果论文中图的格式统一，比如均为 JPG 格式的 QQ 截图，也可采用此方法尝试。

6. 操作练习与思考

设置"自动插入题注"，实现插入表与自动编号一次完成。编号与表名称之间应空一全角空格，表应适当命名。按学校、学院要求，或参考表 2-4、表 2-5，设置表名称编号和表样式。插入"交叉引用"说明每幅表的作用。练习增加、删除表，调整前后内容位置，"更新域"查看"题注"与"交叉引用"是否正确。

2.5.4 公式题注（自动排序编号）

1. 新建公式"题注"标签

选中公式，右击，在弹出的快捷菜中选择"插入题注"选项，弹出如图 2-202 所示的"题注"对话框。公式编号要置于括号之中，如果"标签"下拉列表中没有合适的选项，单击"新建标签"按钮，在弹出的"新建标签"对话框中输入全角格式左半边括号"（"为公式标签，单击"确定"按钮，返回"题注"对话框。

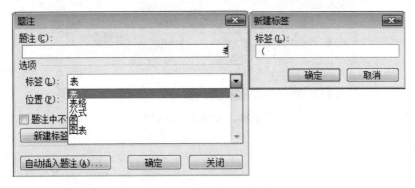

图 2-202 公式题注标签

在"标签"下拉列表中选择"（"选项，"位置"下拉列表中选择"所选项目下方"选项，单击"确定"按钮。在公式下方出现"（1-1"。在"（ 1-1"右边输入一个空格和右半边全角括号"）"。

2. 公式"题注"编号位置

公式编号从"1"开始，置于括号内右对齐，因此编号与公式在同一行，按图、表交叉引用的方法进行"交叉引用"时，就将整行（公式本身及编号）全部插入至论文内容段落中，显然不符合要求。有两种方法可解决这一问题。

1）插入无框表

参考 2.4.2 节新建表样式，插入一个"三列一行"表，选中表，单击图 2-145 中的"无框表"样式，按图 2-137 的方法，"根据窗口自动调整表格"使表与窗口同宽。

将公式移入无边框表格中列（左列空白）。将公式"题注"编号移入无边框表格右列并右对齐。删除自动出现在下方的两个回车。调整后如图 2-203 所示。公式和编号分别置于无框表的不同列中，相当于将它们用回车隔开，"交叉引用"正常。

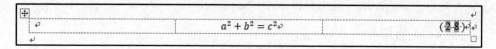

图 2-203　公式的编号

2）插入样式分隔符

将公式后的回车符↵删除，公式与编号在同一行。光标置于公式和编号之间，按 **Ctrl+Alt+Enter** 组合键输入"样式分隔符"，在公式的右边出现一个带虚线框的回车符，隔开公式和编号，也可以"交叉引用"公式，但不推荐使用此方法。

3. 公式编号题注的交叉引用

按插入图、表"交叉引用"的方法，在"交叉引用"对话框中的"引用类型"选择"（"选项，"引用内容"选择"整项题注"选项，单击"确定"按钮。出现带灰色底纹的"（ 1-1 ）"，如图 2-204 所示。

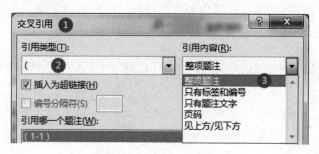

图 2-204　公式的交叉引用

4. 操作练习与思考

插入公式题注，使公式自动编号。练习公式的"交叉引用"。完成后复制保留备份。

2.5.5　标题交叉引用

论文中有时需要引用到前面已经论述的内容，在"交叉引用"对话框中的"引用类型"选择"标题"选项，"引用内容"根据需要选择"标题编号"或"标题文字"选项，单击"插入"按钮即可。如图 2-205 所示。如果既有编号又有文字，可分两次插入。如插入"2.5.5　标题交叉引用"，可先插入"2.5.5"，再插入"标题交叉引用"。

2.5.6　中文编号的设置

有的学校学位论文格式要求章、节标题为"第一章""第一节"，还有的学校要求章标题为"第一章"，后续标题为"1.1""1.1.1"的形式。它们的图、表、公式题注均为"1-1"或"1.1"的形式。

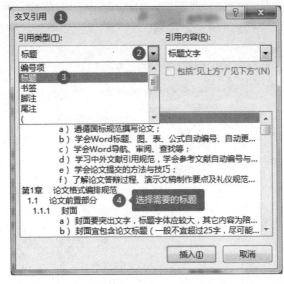
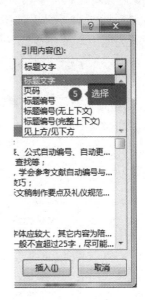

图 2-205　标题的交叉引用

1. 章、节均为中文编号

章编号为"第一章",节编号为"第一节",章、节均为中文编号。单击"开始"选项卡中"段落"选项组中的"多级列表"下拉列表按钮,打开"定义新多级列表"对话框,按图 2-206 设置一级标题,"起始编号"设置为"0","此级别的编号样式"选择

图 2-206　中文章、节编号

"1，2，3"。单击"字体"按钮，打开"字体"对话框，勾选"隐藏"复选框，将章标题编号设置为隐藏，如图 2-207 所示，单击"确定"按钮。

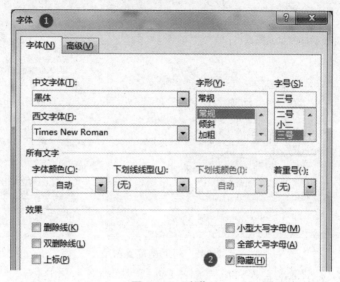

图 2-207　隐藏

　　章编号选择"1，2，3"是为了实现图、表、公式编号为阿拉伯数字，选择隐藏是为了不显示阿拉伯数字章编号。

　　二级节标题编号如图 2-206 所示，在"单击要修改的级别"列表框中选择"2"选项，在"此级别的编号样式"下拉列表中选择"一，二，三"选项，在"输入编号的格式"灰色的"一"前后分别输入"第"和"节"字，单击"确定"按钮，完成章节编号。

　　中文编号一级标题显示如图 2-208 所示。"1"为隐藏文字，下面有虚线下画线。单击"开始"选项卡中的"段落"选项组"显示/隐藏编辑标记"按钮 ，"1"被隐藏不显示。在"1"后面输入"第一章　开始写论文"，注意中文编号的"第几章"都必须手动输入，不能自动生成。"第几节"是自动生成的。

图 2-208　中文编号一级标题

　　如果章编号不选择"1，2，3"，而是"一，二，三"，图、表编号及其交叉引用将为"图一-1""表一-1"，显然不对。

2. 章为中文编号，节为阿拉伯数字编号

　　如果学校要求章为中文编号"第一章"，节为阿拉伯数字编号"1.1"，章的编号按前述"章、节均为中文编号"设置，"节"编号参考 2.2.3 节中二级标题（节）编号的方法设置即可。

2.5.7　分多节后论文总页数

如果论文中有横向图、表（参见 2.4.2 节插入横向表），要改变页面的纵横方向；或者论文按章节不同，插入了不同的页眉，都需要插入"分节符"，如图 2-209 所示，如何插入分多节后论文总页数呢？

图 2-209　有横向大图、大表的论文页面

按 2.2.2 节"插入页数"的方法，插入的是 SectionPages（论文内容不分节的节页数），不是论文内容分多节后的总页数，采用"交叉引用"可插入论文总页数。

光标置于论文结尾处，单击"插入"选项卡中"链接"选项组中的"书签"按钮，如图 2-210 所示。弹出"书签"对话框，在"书签名"文本框中输入"胜利完成"，单击"添加"按钮，在论文结尾处插入了一个"胜利完成"书签，如图 2-211 所示。

图 2-210　插入书签

打开"Word 选项"对话框，勾选"高级"选项卡中"显示文档内容"选项区中的"显示书签"复选框，如图 2-212 所示，单击"确定"按钮。在插入书签处显示"书签"标志"Ⅰ"，如图 2-213 所示。

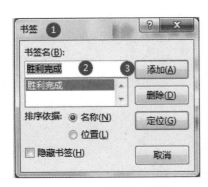

图 2-211　"书签"对话框

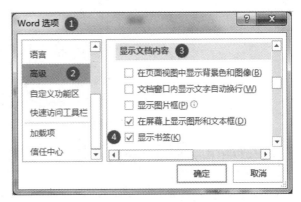

图 2-212　显示书签

双击页码，进入页码编辑状态，选择"页眉和页脚工具"→"页眉和页脚"→"页码"→"设置页码格式"选项，弹出"页码格式"对话框，如图 2-214 所示，论文内容"节""页码编号"均选择"续前节"选项，单击"确定"按钮。

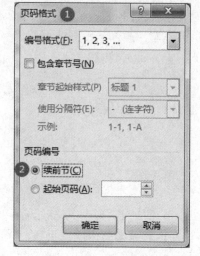

图 2-213 显示的书签   **图 2-214** 页码续前节

单击如图 2-32 中的"链接到前一条页眉"按钮，将论文内容纵横各节页脚设置为"与上一节相同"。

光标置于页脚区"共页"两字中间，单击"引用"选项卡中"题注"选项区中的"交叉引用"按钮，弹出"交叉引用"对话框，如图 2-215 所示。在"引用类型"下拉列表中选择"书签"选项，"引用内容"选择"页码"选项，"引用哪个书签"选择"胜利完成"选项，单击"确定"按钮，即可在"共 页"两字中间插入论文最后一页的页码，也就是论文内容总页数（书签可以根据需要在其他位置插入）。

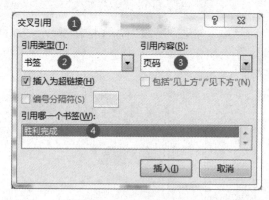

图 2-215 交叉引用书签

2.5.8 交叉引用可能遇到的问题

1. 错误!未定义书签

如果出现**"错误!未定义书签"**提示，一般是在编辑过程是无意删除了图、表、公式等引用源，造成无法引用。全选，更新域后重新引用即可。如果一个对象被引用多次，一旦删除，就出现多处提示，应单击"开始"选项卡中"编辑"选项组中的"替换"按钮，打开"查找和替换"对话框逐一查看。

2. 交叉引用内容过多

交叉引用后，尤其是增加、删除或调整内容顺序后一定要及时更新。调整标题、图、表顺序时一定要注意，更新后很容易出现引用内容（有一大片带灰色底纹的域）文字很多，甚至包含图、表和公式。

最好的方法是在需要的位置重新输入标题文字，将新输入的文字设置为需要的标题，把该标题下的内容剪切、粘贴至新位置，再把旧标题删除，重新引用新标题，这样不易出错。

调整图、表位置时，只将图、表本身剪切、粘贴至新位置，不要将其编号同时剪切、粘贴，对调整后的图、表重新编号、引用，删除旧编号。

如果出现了引用内容过多的现象，光标置于引用错误位置，按住 Ctrl 键，单击，光标跳转至插入引用源。检查该引用源，可能是前后缺少回车，加上回车，删除错误的引用，重新插入交叉引用即可解决。如：公式和公式编号在同一行，没有置于无框表中，也没有使用"样式分隔符"隔开，引用时就把公式和其编号全部引入。出现这些错误，主要是调整标题、图、表位置造成的，因此调整位置后重新编号、引用，基本可以避免这些错误。

3. 交叉引用的字体

"交叉引用"域的字体与论文内容不一致，特别小。请先将论文复制备份再尝试下述方法：

如论文内容中文为"小四"号"宋体"，英文为 Times New Roman。打开图 2-60 所示的"样式"任务窗格，查看并记录"正文"的原始样式，暂时将"正文"样式修改为"毕业论文内容"的字体，另外新建"论文内容"样式，设置为"小四"号"宋体"和 Times New Roman，单击"样式"任务窗格中的"论文内容"下拉列表按钮，选择"更新论文内容以匹配所选内容"选项。重新插入"交叉引用"，检查插入的字体是否与论文内容相一致。如果一致将暂时修改的"正文"样式恢复到原始状态。此操作如果无效，只能在论文完成后逐一修改。

2.6　审阅批改论文（师生批改交互标识）

论文撰写过程中要不断提交老师批阅或请同学修改，如果不是当面修改可采用"审阅"功能。为别人批改并作记号时用"审阅"方式。注意修改自己的论文一般不要在"修订"状态下修改。

2.6.1 审阅

1. 修订

1）打开修订

查看"审阅"选项卡中的"修订"和"更改"选项组，如图 2-216 所示。选项组中各个下拉列表选项如图 2-217 所示，自行尝试使用（版本不同界面有所不同）。

图 2-216 审阅

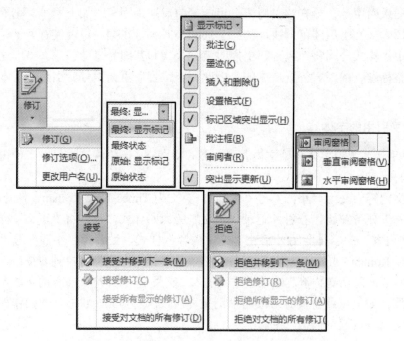

图 2-217 修订和更改

"修订"状态的显示颜色、标记等可自行修改。单击"审阅"选项卡中的"修订"选项组对话框启动器按钮，弹出"修订选项"对话框，如图 2-218 所示。单击"高级选项"按钮，弹出如图 2-219 所示的"高级修订选项"对话框，可根据自己的爱好进行设置。为了醒目，"标记"选项区，在"插入内容""颜色"下拉列表中选择"红色"选项；在"删除内容"下拉列表中选择"删除线"选项，"颜色"选择"红色"选项。单击"确定"按钮（版本不同界面有所不同）。

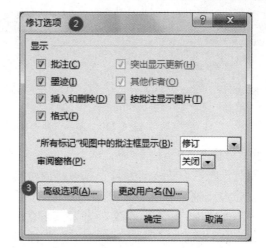

图 2-218 "修订选项"对话框

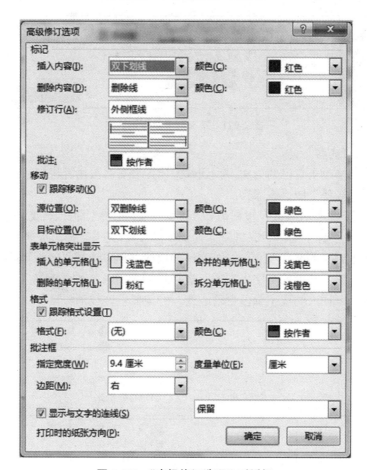

图 2-219 "高级修订选项"对话框

注意：单击"审阅"选项卡中"修订"选项区中的"显示以供审阅"下拉列表按钮，选择"所有标记"选项，如图 2-220 所示，才能显示插入删除内容的红色标记，如果选择"无标记"选项，就不显示红色标记。

图 2-220　显示"所有标记"

2）显示标记状态

单击"修订"按钮，进入"修订"状态，输入的文字为红色（图 2-219 中选择的颜色），且不能修改，删除的文字显示在页面右边，如图 2-221 所示。修改段落左边出现一条黑色竖线，不能选中，也不能删除。（根据设置的选项不同，显示内容不同，可根据需要进行设置。）图中先输入了"我要练习修订。"然后单击"修订"按钮，删除"修订"两字，显示在页面右边；又输入了"插入的字为红色。"

图 2-221　审阅时显示标记状态

3）处理修订内容

老师或同学修改了自己的论文，收到修改稿后要对修改内容进行适当处理。

（1）逐一"接受"或"删除"。

老师"审阅"后作者本人可根据需要"接受"或"拒绝""插入"或"删除"的文字。

选中有"修订"标记的内容或将光标置于被修订处，右击，弹出快捷菜单，如图 2-222所示。光标置于删除的文字上右击，在弹出的快捷菜单中选择"接受删除"或"拒绝删除"选项；光标置于插入的文字上右击，选择"接受插入"或"拒绝插入"选项。操作后删除标记消失，插入的文字颜色自动改变，旁边黑色竖线消失。

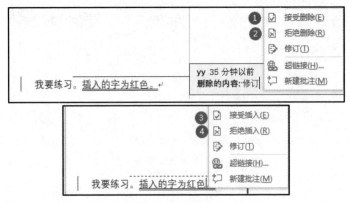

图 2-222　接受或删除修订内容

论文作者应认真阅读老师的批改意见，逐一选择"接受插入"或"拒绝删除"选项。

（2）批量接受或删除。

如果论文较短，"修订"内容较少，在全部接受或全部拒绝"修订"意见时，可在如图 2-223 所示的"显示以供审阅"下拉列表中选择"最终状态"或"原始状态"选项。

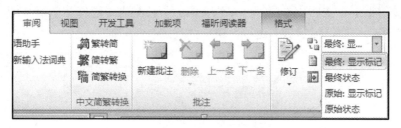

图 2-223　最终状态或原始状态

2. 批注

单击"审阅"选项卡中"批注"选项组中的"新建批注"按钮，在页面右侧弹出"批注"框，在批注框中输入修改意见，或给自己标记提示，如图 2-224 所示，单击右上角按钮，可再次插入批注。也可单击"插入"选项卡"批注"中的按钮插入批注。

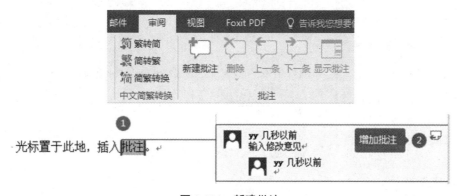

图 2-224　新建批注

光标悬停于头像处，显示插入批注人信息，如图 2-225 所示。右击批注框，弹出快捷菜单，如图 2-226 所示，选择需要的选项，如选择"删除"选项，删除批注。

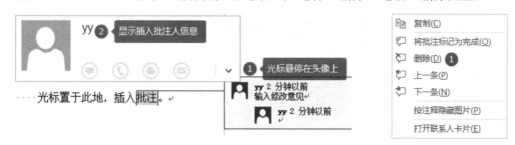

图 2-225　显示插入批注人信息　　　　　　　图 2-226　快捷菜单

3. 比较文档

两篇内容相近的论文，有时需要查看哪些地方进行了修改，可用"比较"功能来完成。如比较某同学不同时间的论文，查看进展情况。注意完全不同的论文无比较意义。

选择"审阅"选项卡中"比较"下拉列表中的"比较"选项，弹出"比较文档"对话框，如图 2-227 所示。单击"原文档"下拉列表按钮，或右边的文件夹图标按钮，选择需要比较的第 1 篇文档。单击"修订的文档"下拉列表中选择第 2 篇文档，单击"更少"或"更多"按钮，显示更多选项，单击"确定"按钮。

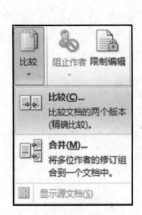
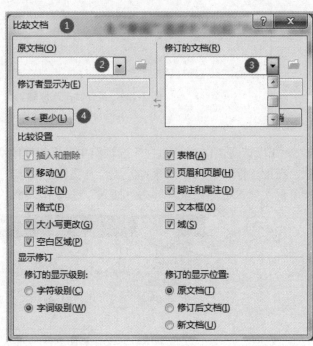

图 2-227　"比较文档"对话框

4. 字数统计

按 Ctrl+A 组合键全选，单击"审阅"选项卡中"校对"选项组中的"字数统计"按钮，可统计全文总字数。要统计某一部分的字数，可切换为"大纲视图"，选中对应的标题进行统计，如图 2-228 所示。

图 2-228　字数统计

2.6.2　并排查看、全部重排与拆分

1. 并排查看

查看比较内容相似的两个文档，如图 2-229 所示，也可用"并排查看"。如学生收到老师批改的论文，老师收到学生修改的论文，不需合并，可用"并排查看"比较差异。

图 2-229　两个内容相似的文档

　　将需要"并排查看"的两个文档打开，选择"视图"选项卡中"窗口"选项组中的
"并排查看"选项（如果只打开一个文档不能"并排查看"），切换至两文档"并排查看"
状态，再次单击"并排查看"按钮即可关闭，如图 2-230 所示。如果同时打开了多个文
档，单击"并排查看"按钮，会弹出"并排比较"对话框，选择需要的文档，单击"确
定"按钮，如图 2-231 所示。

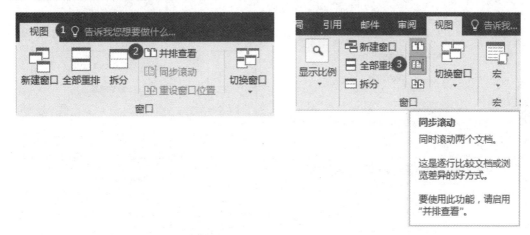

图 2-230　并排查看与同步滚动

图 2-231　"并排比较"对话框

　　这时两个文档并排显示在屏幕上，滚动鼠标，两个文档同步滚动。如图 2-232 所示，
通过同步查看可以发现，左边文档多了"两个或"三个字。

　　如文档较长，内容结构相同，在比较前先将光标都置于对应的章节，然后滚动鼠标
查看并比较。

　　如果因为文档修改后增减幅度较大，"同步滚动"已无法比较查看，可单击图 2-230
中的"同步滚动"按钮，取消"同步滚动"。用鼠标分别滚动至适当位置，再次单击"同
步滚动"按钮即可。

　　如图 2-233 为本书 2015 年 2 月 8 日版本和 2015 年 1 月 23 日版本的"并排查看"界
面，图中可以看出增加了"1.1.1 说明"。

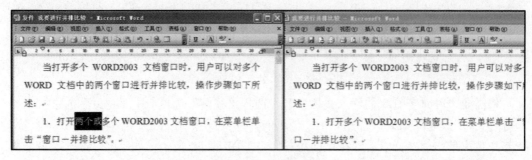

图 2-232　并排查看

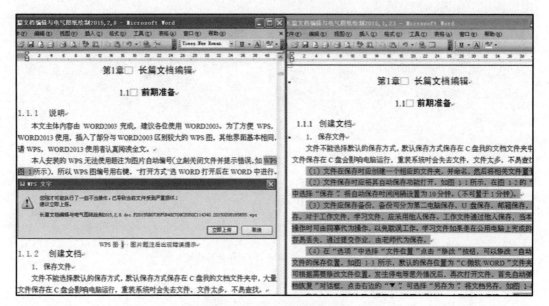

图 2-233　长篇文档的并排查看

在进行"比较"或"并排比较"时，为了增大显示面积，可将"样式"和"导航"窗格暂时关闭。

2. 全部重排

"全部重排"与"并排查看"相似，"全部重排"将多个文档按上、中、下排列，不能"同步滚动"，如图 2-234 所示。

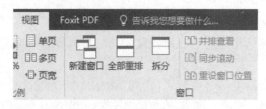

图 2-234　全部重排与拆分

3. 拆分

打开一个长文档，单击"视图"选项卡中"窗口"选项组中的"拆分"按钮，将文档拆分成上下两个窗口，如图 2-235 所示。实现同时查看文档的两个节，轻松地在编辑一个节时查看其他节。如本书作者在编辑"表的常规要求"时，查看并参考"图的常规要求"。不需要时再单击"取消拆分"按钮即可。

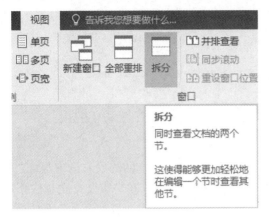
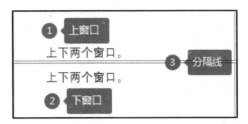

图 2-235 拆分

2.6.3 自动滚动

在阅读长篇文章时，使用"自动滚动"，轻松方便。在功能区任意空白处右击，弹出快捷菜单，选择"自定义功能区"选项，弹出"Word 选项"对话框，如图 2-236

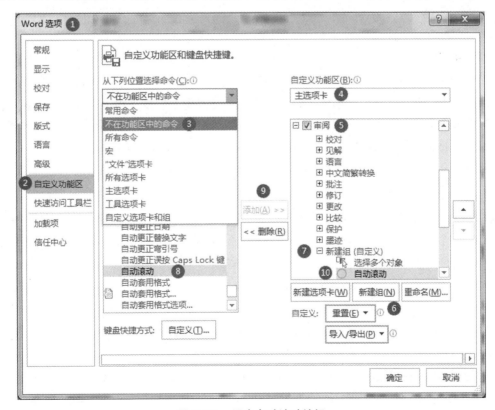

图 2-236 调出自动滚动按钮

所示。在"自定义功能区"选项卡中的"从下列位置选择命令"下拉列表中选择"不在功能区中的命令"选项。在列表框最下面选择"自动滚动"选项（按汉语拼音排列顺序）。单击"添加"按钮，弹出"功能区自定义"对话框，如图 2-237 所示，单击"确定"按钮。返回"Word 选项"对话框，"自定义功能区"选项卡。

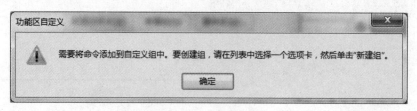

图 2-237　功能区自定义

在"自定义功能区"下拉列表中选择"主选项卡"选项，在下面的列表框中勾选"审阅"复选框，单击⊞展开"审阅"选项，单击"新建组"按钮，在"审阅"选项中添加"新建组"选项。在"从下列位置选择命令"下面的列表框中选择"自动滚动"选项，选中"新建组"选项，单击"添加"按钮，在"审阅"选项"新建组"中添加了"自动滚动"选项，单击"确定"按钮。单击"审阅"选项卡，其右边增加了"新建组"选项组和"自动滚动"按钮，如图 2-238 所示。

图 2-238　审阅，自动滚动

单击"自动滚动"按钮，光标变成"双向"或"向上"或"向下"箭头。光标置于"⇕"双向箭头处，停止滚动。光标移近向上箭头"▲"，向上滚动。移近向下箭头"▼"向下滚动。偏离"⇕"越远，滚动越快。单击鼠标退出"自动滚动"。

2.7　其他常用功能

2.7.1　查找和替换

1. 区分大小写

参考 GB/T 3101－1993 等文献，检查单位大写、小写是否正确，如 km、kg、kA 等。注意因为文档中除了有 km 之类单位，还可能有包含 KM 之类字母的专有名词、元件型号等等，因此"查找和替换"时不能贪图方便，选择"全部替换"选项，只能选择"查找下一处"选项，逐一"替换"。

打开"查找和替换"对话框，单击"替换"选项卡，在"查找内容"文本框中输入KV，"替换为"文本框中输入 kV，单击"更多"（"更少"）或"高级"按钮，如图 2-239所示，勾选"区分大小写"复选框，单击"查找下一处"按钮，单击"替换"按钮，将单位逐一修改正确。

图 2-239 "查找和替换"对话框

2. 特殊字符

　　网络下载的资料往往含有很多样式，建议下载后先粘贴在一个新建的过渡文档中，然后选中，单击"样式"任务窗格中的"清除格式"或"全部清除"按钮，清除下载资料的格式，不然直接粘贴带入许多下载的样式，可能损坏论文的样式。

　　网络下载的资料常常为表格形式，经表"转换为文本"后（参考 2.4.2 节表与文本互为转换），通常有很多"段落标记"（回车↵）、"手动换行符"（软回车↓）、"制表符"（→）等。应在新建的过渡文档中用"查找和替换"等方法将材料稍加整理，再"复制""粘贴"至需要的论文文档。

　　选中需要编辑的段落，打开"查找和替换"对话框，单击"替换"选项卡中的"特殊格式"下拉列表按钮，弹出图 2-240 所示选项组，选择需要的选项，进行替换。

　　单击图 2-239 中"格式"下拉列表按钮，弹出图 2-241 所示选项组，可以进行限定格式替换。

图 2-240　查找和替换－更多－特殊字符　　　　图 2-241　更多－格式

2.7.2 几个键的作用

1. F4 键

F4 键的作用是"重复上一步操作"，将其应用在 Office 软件中，可帮助我们快速完成许多重复性操作，提高工作效率。

复制格式：先修改一段文字的格式，比如"加粗"，然后选中其他需要"加粗"的文字，按 F4 键。

修改图：先修改某图"高度"或"宽度"，选中另一图按 F4 键，就将其修改为同一"高度"或"宽度"。

录入内容：如果需要重复录入相同内容，先"复制"，"粘贴"，再按 F4 键，可以重复粘贴。

表格计算：在 Word 表格中进行计算不方便，如表 2-16 所示。重复计算都可按 F4 键实现。在 Word 表格中由于只能计算 ABOVE 或 LEFT，因此需要先计算上面单元格和左边单元格的"总分"，然后在"总分"行前插入"行"，"总分"列前插入"列"，再计算行和列的"平均"分。计算方法见 2.4.2 节表格内容计算操作。

表 2-16　学习成绩表

学号	姓名	语文	数学	英语	平均	总分
1	赵一	89	96	87	90.67	362.67
2	钱二	78	87	92	85.67	342.67
3	孙三	54	90	88	77.33	309.33
平均		73.67	91	89		
总分		294.67	364	356		

2. Insert 键

有时在输入文字时，会自动将后面的文字删除，这是因为处于"改写"模式。按 Insert 键将"改写"模式切换为"插入"模式。

2.7.3 行尾空格不能显示下画线

论文封面有一些填写项目，如图 2-242 为本书封面填空项，为了美观整齐，通常在姓名前后加上空格，但有时输入空格后设置的下画线却不显示。

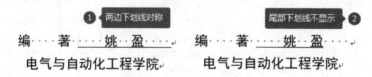

图 2-242　封面上的填写项目

打开"Word 选项"对话框，如图 2-243 所示，在"高级"选项卡"以下对象的布局选项"选项区勾选"为尾部空格添加下画线"复选框，单击"确定"按钮，使下画线显示对称。

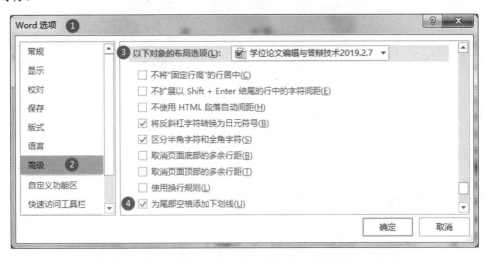

图 2-243　为尾部空格添加下画线

2.7.4　数字和字母不能修改格式

输入字母和数字如"12345"时注意切换为半角状态，输入时自动显示为 Times New Roman 字体，如果采用全角输入，显示为宋体"１２３４５"，字大，不易修改，需要删除后重新输入。

注意：不能全选并统一改为"半角"或 Times New Roman 字体，这样可能会把中文斜"引号"全部改为直"引号"。

2.7.5　拼写错误检查

单击状态栏"中文（中国）"或"英语（美国）按钮"，弹出"语言"对话框，在"将所选文字标为（国家/地区）"列表框中选择"中文（中国）"选项，勾选"自动检测语言"复选框，单击"确定"按钮。这时如果出现拼写错误，会自动提示彩色波浪线。有的版本在"中文（中国）"按钮右侧有一翻开书形按钮 🕮，上面有"✓"或"✗"，单击此按钮，出现"隐藏拼写错误"和"隐藏语法错误"按钮，单击按钮彩色波浪线消失。

输入"He is anboy."，"an"下面出现彩色波浪线，如图 2-244 所示。输入"我门爱祖国。"也会出现波浪线，如图 2-245 所示。光标置于波浪线处右击，或单击下面的书形按钮 🕮 出现提示，根据需要选择合适的选项，错误自动改正，彩色波浪线消失。

按 F7 键，或单击"审阅"选项卡中"校对"选项组中的"拼写和语法"按钮，也可以检查拼写和语法。

如果没有显示彩色波浪线，打开"Word 选项"对话框中的"校对"选项卡，"在 Word 中更正拼写和语法时"选项区，勾选"键入时检查拼写""键入时标记语法错误"和"随拼写检查语法"复选框，取消勾选"只隐藏此文档中的拼写错误"和"只隐藏此文档中的语法错误"复选框，单击"确定"按钮，如图 2-246 所示。

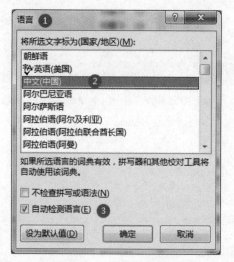

图 2-244　自动检测语文

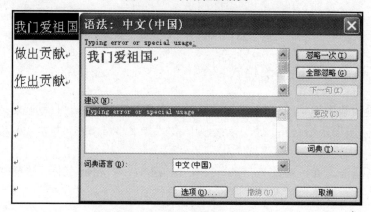

图 2-245　中文语法检查

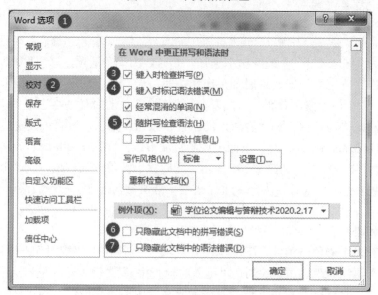

图 2-246　在 Word 中更正拼写和语法时

第 3 章　参考文献自动编号与引用

3.1　参考文献自动编号

参考文献的著录包括：文中引用参考文献序号的标注和文后参考文献。

3.1.1　要点概述

撰写学位论文离不开参考文献，参考前人成果是正常的和必须的。标注引用是对著者的尊重，可以方便再次查阅，还会影响论文最终的查重结果。引用他人成果不标出处是不道德的，会被指控为剽窃。

标注参考文献的编号是撰写论文时经常遇到的困难，随着论文内容增、减、调整，参考文献标注就要逐一修改，重新编号，费时费力，还易出错。运用 Word "插入尾注"的方法，能快速、准确地解决这一问题。

3.1.2　插入参考文献标注

1. 参考文献标注法

参考文献标注法分为"顺序编码制"和"著者－出版年制"（本书采用"顺序编码制"）。"顺序编码制"是按论文内容中引用参考文献出现先后顺序连续编码，将编号置于方括号中。编号标在相关内容的右上角，通常不能被其他文字或标点符号隔开。

"顺序编码制"标注示例如图 3-1 所示，编号按顺序排列，置于方括号中，设置为上标。注意不宜在标题上标注引用编号，一般标注在引用内容的标点符号之前。

> ……德国学者 N. 克罗斯研究了瑞士巴塞尔市附近侏罗山中老第三纪断裂对第三系褶皱的控制[235]；之后，他又描述了西里西亚第 3 条大型的近南北向构造带，并提出地槽是在不均一的块体的基底上发展的思想[236]。❶ 方括号内，上标，句号内

图 3-1　顺序编码制标注示例（参考 GB/T 7714—2015）

2. "插入尾注"法参考文献自动编号

参考文献引用编号可用"插入尾注"的方法，实现自动编号。

1）插入尾注

在论文结尾处输入"参考文献"，选中，单击"标题 1"样式。光标置于章编号与"参

考文献"之间，按 Backspace 键，删除章编号，将"参考文献"文字居中。

光标置于"参考文献"下一行，单击"布局"选项卡中"页面设置"选项组中的"分隔符"下拉列表按钮，在"分节符"选项区选择"下一页"按钮，插入一个分节符，如图 3-2 所示。

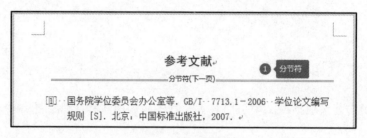

图 3-2　参考文献

光标置于论文中要插入参考文献编号的位置，单击"引用"选项卡中的"脚注"选项组对话框启动器按钮，如图 3-3 所示，弹出"脚注和尾注"对话框，如图 3-4 所示。"位置"选择"尾注"单选按钮。单击"尾注"下拉列表按钮，如果论文"参考文献"后没有"附录"等，可选"文档结尾"，反之可选"节的结尾"。在"编号格式"下拉列表中选择"1，2，3"选项。单击"插入"按钮，就在该处插入一个带虚线框上标"[1]"，光标自动跳转至文档结尾"参考文献"标题下面，自动出现"[1]"。

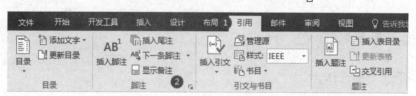

图 3-3　脚注选项组

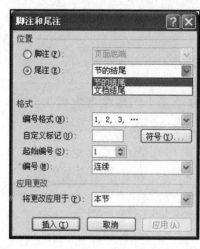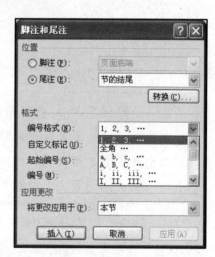

图 3-4　"脚注和尾注"对话框

如果在图 3-4 中，"尾注"下拉列表选择"文档结尾"选项，无论论文分多少节，尾注始终位于文档结尾。这时图 3-25 中"取消尾注"复选框为灰色，无法勾选。

将参考文献中的"尾注"编号置于方括号中，编号后空一空格，按 GB/T 7714－2015 著录格式输入第 1 条参考文献信息（至少要输入文献的书名和页码，参考文献可以在论文完成后统一整理）。

　　在论文中自动生成的"[⑪]"是上标格式，参考文献中的"[⑪]"也是上标格式，不符合要求。选中参考文献中的"[⑪]"，单击"开始"选项卡中"字体"选项组中的"上标"按钮 ，取消"上标"成为常规文字"①"。

　　注意：编号周围的虚线框是"插入尾注"的"域"，虚线框不打印。不能把带虚线框的上标"[⑪]"删除，人为输入"1"，人为输入的"1"没有虚线框，不是域，不是自动编号。

　　如果"尾注"编号周围没有虚线框，参考图 2-27，在"Word 选项"对话框中单击"显示"选项卡，在"始终在屏幕上显示这些格式标记"选项区，勾选全部复选框，单击"确定"按钮。

　　2）自动跳转

　　双击"参考文献"尾注编号"[⑪]"，光标自动跳转至论文中插入参考文献"尾注"编号"[⑪]"的位置。双击论文中的"[⑪]"，光标自动跳转至"参考文献"中"尾注"编号"[⑪]"的位置。

　　在论文中插入第 2 个参考文献标注时，单击"引用"选项卡中"脚注"选项组中的"插入尾注"按钮即可，如图 3-5 所示，不需再次设置，光标自动跳转至"参考文献""尾注"编号"[②]"的位置。输入参考文献信息，输入后双击"尾注"编号，光标自动跳转至插入位置。

图 3-5　插入尾注

　　注意："插入尾注"一定要随时进行，不宜论文完成后统一插入。

　　3）显示参考文献信息小标签

　　"插入尾注"后光标悬停在论文中插入的"尾注"编号附近，自动显示对应参考文献信息小标签。如果悬停时不显示参考文献信息小标签，可打开"Word 选项"选项卡，勾选"显示"选项卡中"页面显示选项"选项区中的"悬停时显示文档工具提示"复选框，如图 3-6 所示，单击"确定"按钮即可。

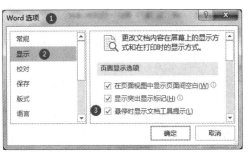

图 3-6　悬停时显示文档工具提示

4）多次引用同一著者同一文献

多次引用同一著者同一文献（简称一文多引）时，在论文内容中标注首次引用的文献编号，并在编号的"[ ]"外标注页码，如图3-7所示。

……改变社会规范也可能存在类似的"二阶囚徒困境"问题；尽管改变旧的规范对所有人都好，但个人理性选择使得没有人愿意率先违反旧的规范[1]。……事实上，古希腊对轴心时代思想真正的贡献不是来自对民主的赞扬，而是来自对民主制度的批评，苏格拉底、柏拉图和亚里士多德3位贤圣都是民主制度的坚决反对者[2]260。…… 柏拉图在西方世界的

1 首次引用，文献2，第260页

影响力是如此之大以至于有学者评论说，一切后世的思想都是一系列为柏拉图思想所作的脚注[3]。……据《唐会要》记载，当时拆毁的寺院有4600余所，招提、兰若等佛教建筑4万余所，没收寺产，并强迫僧尼还俗达260 500人。佛教受到极大的打击[2]326-329。……陈登原先生的考证是非常精确的，

2 再次引用，文献2，第326-329页

他印证了《春秋说题辞》"黍者绪也，故其立字，禾人米为黍，为酒以扶老，为酒以序尊卑，禾为柔物，亦宜养老"，指出："以上谓等威之辨，尊卑之序，由于饮食荣辱。"[4]

图 3-7　一文多引标注示例（参考 GB/T 7714—2015）

多次引用同一文献分为初次引用和再次引用两种情况。初次引用见前述插入尾注的方法，初次引用后在论文中自动生成一个"尾注"编号。

再次引用同一文献时，如果重复初次引用的方法，同一文献在"参考文献"中重复出现，不符合要求。

光标置于需要再次引用的位置，单击"引用"选项卡中"题注"选项组中的"交叉引用"按钮，弹出"交叉引用"对话框，如图3-8所示。在"引用类型"下拉列表中选择"尾注"选项，"引用内容"下拉列表中选择"尾注编号"选项。在"引用哪一个题注"列表框中选择需要的编号。单击"插入"按钮。在再次引用位置插入了参考文献的尾注"交叉引用"编号。将"交叉引用"的参考文献编号置于方括号中，并将其设置为上标。

多次引用同一文献，每次均应在"[ ]"外著录引文在文献中的页码。按经验，只要文献页数多，无论引用多少次，都应在引用的同时标注页码，这样才能方便追溯。

再次引用时插入的"交叉引用"尾注编号有灰色底纹，与参考文献中的尾注编号之间不能双击自动跳转，但是"交叉引用"也是域，与论文中的"尾注"编号带有链接关系。光标移至"交叉引用"编号附近，自动出现小标签，提示"当前文档 按住 Ctrl 并单击可访问链接"，单击后光标自动跳转至论文中首次插入该文献"尾注"的位置。

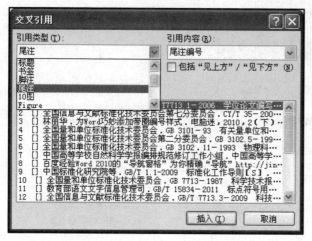

图 3-8　交叉引用，尾注

如果首次引用的"尾注"编号被删除，这时先要将这个"尾注"编号后移至再次引用处，不然再次引用处因为引用对象被删除，就显示"**错误!未定义书签。**"提示。

5）同一处引用多篇文献

为了证明自己观点的正确性，可在同一处引用多篇文献（简称一处多引）。

（1）同一处引用多篇不连续编号文献。

同一处引用多篇编号不连续的文献，只需将所有编号均置于方括号中，各编号间用"，"隔开，如图 3-9 所示。

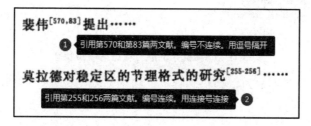

图 3-9　一处多引标注示例（参考 GB/T 7714—2015）

（2）同一处引用多篇连续编号文献。

同一处引用多篇编号连续的文献，如将[7，8，9，10]全部列出，显得累赘，可标注起讫编号[7-10]。

由于参考文献编号是通过"插入尾注"或"交叉引用"自动生成的，如果将[7，8，9，10]标注为[7-10]，就删除了第"8"和"9"条文献的链接。采用"隐藏文字"的方法，可使"8"和"9"文字和链接都存在却不显示，显示为[7-10]。

在"10"前面输入连接号"-"。选中要隐藏的文字"，8，9，"，打开"字体"对话框，如图 3-10 所示，勾选"效果"选项区中的"隐藏"复选框，单击"确定"按钮。如果隐藏文字仍显示，下面有一条虚线，这时隐藏文字不会打印，如图 3-11 所示。如果希望隐藏文字不显示，打开"Word 选项"对话框，如图 3-10 所示，取消勾选"显示"选项卡中的"隐藏文字"和"显示所有格式标记"复选框，单击"确定"按钮，隐藏文字不再显示。

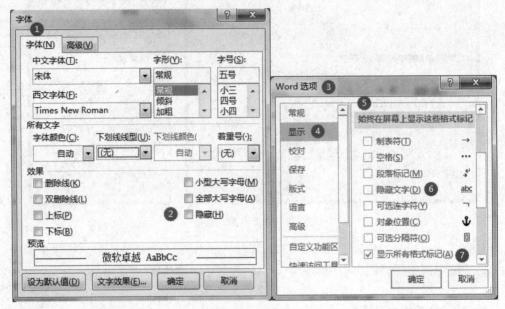

图 3-10 设置隐藏文字

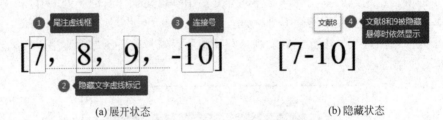

(a) 展开状态   (b) 隐藏状态

图 3-11 隐藏文字的展开状态与隐藏状态

被隐藏的文字尽管不显示，但仍然存在，参考文献中第"8"和第"9"篇参考文献也仍然存在。

6）删除尾注分隔符

在页面视图中自动生成的"尾注"会同时生成一条"尾注分隔符"短横线，如果参考文献跨页，跨页处还会生成一条"尾注延续分隔符"长横线。它们是尾注的标志，在页面视图中无法删除，但论文的参考文献中不应有此线。

单击"视图"选项卡中"视图"选项组中的"草稿"按钮，如图 3-12 所示，将视图切换为草稿。单击"引用"选项卡中"脚注"选项组中的"显示备注"按钮，弹出"显示备注"对话框，选择"查看尾注区"单选按钮，单击"确定"按钮。

窗口分为上下两层，上部为论文，下部为参考文献"尾注"。光标置于下窗口的尾注编号[1]位置，上窗口即显示论文中插入第 1 篇参考文献的位置，如图 3-13 所示。

单击下窗口"尾注"下拉列表按钮，选择"尾注分隔符"选项，按 Delete 键两次，删除"尾注分隔符"。如果参考文献有多页，按同样方法，删除"尾注延续分隔符"，如图 3-14 所示，返回页面视图。

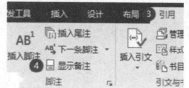

图 3-12　显示备注

图 3-13　上下窗口分别显示

图 3-14　删除尾注分隔符与尾注延续分隔符

　　参考文献插入"尾注"编号后，无论增、减、调整，"尾注"编号均会自动调整排序。如果删除了论文中的"尾注"编号，参考文献中的"尾注"链接也自动消失，参考文献越多，自动编号优势越大。

　　注意：参考文献增、减、调整后要及时按 Ctrl+A 组合键全选，右击，单击"更新域"按钮，进行更新。

7）修改尾注的格式

　　如果自动插入的"尾注"编号格式不是阿拉伯数字，不符合要求，可单击"引用"选项卡中的"脚注"选项组对话框启动器按钮，弹出"脚注和尾注"对话框，如图 3-15

所示。"位置"选择"尾注"选项，在"编号格式"下拉列表中选择"1，2，3"选项，单击"确定"按钮即可。

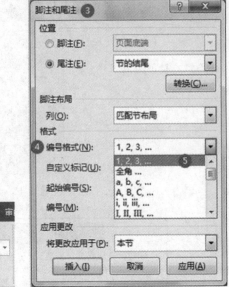

图 3-15　修改尾注"编号格式"

3.1.3　参考文献

插入"尾注"后只形成一个自动编号，还应根据 GB/T 7714－2015 整理参考文献，参考文献的"字体""段落"按学校、学院要求，或参考表 2-5 设置。注意编号顶格，编号后应空一全角空格，著录主要责任者姓名，如果转行，因为设置了"悬挂缩进""2 字符"，第二行与姓名对齐，编号全部突出在前，如图 3-16 所示。

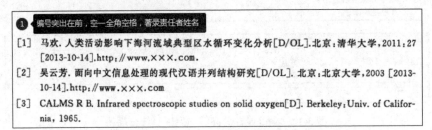

图 3-16　GB/T 7714－2015 参考文献示例（1）

1. 著者人数

文献的主要责任者不超过 3 位时，全部列出，用逗号隔开；超过 3 位时只列前 3 位，后面用"逗号"加"等"表示（如果是外文，用外文相应的词），如图 3-17 所示。

8.1.2 著作方式相同的责任者不超过 3 个时,全部照录。超过 3 个时,著录前 3 个责任者,其后加",等"或与之相应的词。

示例1:钱学森,刘再复　　　　　　　原题:钱学森 刘再复

示例2:李四光,华罗庚,茅以升　　　　原题:李四光 华罗庚 茅以升

示例3:印森林,吴胜和,李俊飞,等　　　原题:印森林 吴胜和 李俊飞 冯文杰

示例4:FORDHAM E W, ALI A, TURNER D A, et al.

原题:Everut W. Fordham Amiad Ali David A. Turner John R.Charters

图 3-17　GB/T 7714－2015 参考文献示例（2）

2. 文献类型和文献载体标识代码

参考文献中题名之后,方括号之中的英文字母为文献类型和文献载体标识代码。GB/T 7714－2015 中"文献类型和标识代码"如图 3-18 所示,"电子资源载体和标识代码"如图 3-19 所示。

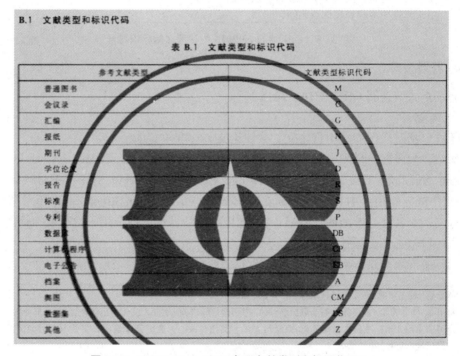

B.1 文献类型和标识代码

表 B.1　文献类型和标识代码

参考文献类型	文献类型标识代码
普通图书	M
会议录	C
汇编	G
报纸	N
期刊	J
学位论文	D
报告	R
标准	S
专利	P
数据库	DB
计算机程序	CP
电子公告	EB
档案	A
舆图	CM
数据集	DS
其他	Z

图 3-18　GB/T 7714－2015 中"文献类型和标识代码"

B.2 电子资源载体和标识代码

表 B.2　电子资源载体和标识代码

电子资源的载体类型	载体类型标识代码
磁带（magnetic tape）	MT
磁盘（disk）	DK
光盘（CD ROM）	CD
联机网络（online）	OL

图 3-19　GB/T 7714－2015 中"电子资源载体和标识代码"

3. 著录用符号

GB/T 7714－2015 中参考文献使用下列规定的标识符号，如图 3-20 所示。

.	用于题名项、析出文献题名项、其他责任者、析出文献其他责任者、连续出版物的"年卷期或其他标识"项、版本项、出版项、连续出版物中析出文献的出处项、获取和访问路径以及数字对象唯一标识符前。每一条参考文献的结尾可用"."号。
:	用于其他题名信息、出版者、引文页码、析出文献的页码、专利号前。
,	用于同一著作方式的责任者、"等""译"字样、出版年、期刊年卷期标识中的年和卷号前。
;	用于同一责任者的合订题名以及期刊后续的年卷期标识与页码前。
//	用于专著中析出文献的出处项前。
（ ）	用于期刊年卷期标识中的期号、报纸的版次、电子资源的更新或修改日期以及非公元纪年的出版年。
[ ]	用于文献序号、文献类型标识、电子资源的引用日期以及自拟的信息。
/	用于合期的期号间以及文献载体标识前。
-	用于起讫序号和和起讫页码间。

图 3-20　GB/T 7714－2015 中参考文献标识符号

4. 著录格式

著录格式请查阅 GB/T 7714－2015。

1）专著

通常包括普通图书、学位论文、会议论文、标准等。如：

[1] 居荣，吴薛红．供配电技术[M]．北京：化学工业出版社，2005．

[2] Zhu Xiaoling, Chen Xueli. The Bridge Health Monitoring System Based on SCM [C]．Shanghai：2012 International Conference on Vibration Structural Engine，2012．

[3] 曹弋，闵富红，叶彪明．MATLAB 在电类专业课程中的应用—教程及实训[M]．北京：机械工业出版社，2016．

国标中专著著录示例如图 3-21 和图 3-22 所示。

[1]	陈登原. 国史旧闻：第 1 卷[M].北京：中华书局,2000：29.
[2]	哈里森,沃尔德伦. 经济数学与金融数学[M].谢远涛,译. 北京：中国人民大学出版社,2012：235-236.
[3]	全国信息与文献标准化技术委员会. 信息与文献　都柏林核心元数据元素集：GB/T 25100—2010[S]. 北京：中国标准出版社,2010：2-3.
[4]	徐光宪,王祥云. 物质结构[M]. 北京：科学出版社,2010.
[5]	顾炎武. 昌平山水记：京东考古录[M]. 北京：北京古籍出版社,1992.
[6]	王夫之. 宋论[M]. 刻本. 金陵：湘乡曾国荃,1865(清同治四年).
[7]	牛志明,斯温兰德,雷光春. 综合湿地管理国际研讨会论文集[C]. 北京：海洋出版社,2012.
[8]	中国第一历史档案馆,辽宁省档案馆. 中国明朝档案总汇[A]. 桂林：广西师范大学出版社,2001.
[9]	杨保军. 新闻道德论[D/OL]. 北京：中国人民大学出版社,2010[2012-11-01].http：//www.×××.com.
[10]	赵学功. 当代美国外交[M/OL]. 北京：社会科学文献出版社,2001[2014-06-11].http：//www.×××.com.

图 3-21　GB/T 7714－2015 中专著著录格式示例 1

[12] 同济大学土木工程防灾国家重点实验室. 汶川地震震害研究[M/OL]. 上海：同济大学出版社，2011：5-6 [2013-05-09]. http://www.×××.com.

[13] 中国造纸学会. 中国造纸年鉴：2003[M/OL]. 北京：中国轻工业出版社，2003[2014-04-25]. http://www.×××.com.

[14] PEEBLES P Z, Jr. Probability, random variable, and random signal principles[M]. 4th ed. New York: McGraw Hill, 2001.

[15] YUFIN S A. Geoecology and computers: proceedings of the Third International Conference on Advances of Computer Methods in Geotechnical and Geoenvironmental Engineering, Moscow, Russia, February 1-4, 2000 [C]. Rotterdam: A. A. Balkema, 2000.

[16] BALDOCK P. Developing early childhood services: past, present and future[M/OL]. [S. l.]: Open University Press, 2011: 105 [2012-11-27]. http://www.×××.com.

[17] FAN X, SOMMERS C H. Food irradiation research and technology. 2nd ed. Ames, Iowa: Blackwell Publishing, 2013: 25-26[2014-06-26]. http://www.×××.com.

图 3-22　GB/T 7714－2015 中专著著录格式示例 2

2）连续出版物

通常包括杂志、学报等。如：

[4] 闵富红，王珠林，曹弋. 基于双曲函数的双忆阻器混沌电路多稳态特性分析[J]. 电子学报，2018，46（2）：486-494.

国标中连续出版物著录示例如图 3-23 所示。

[1] 袁训来，陈哲，肖书海，等. 蓝田生物群：一个认识多细胞生物起源和早期演化的新窗口[J]. 科学通报，2012，55(34)：3219.

[2] 余建斌. 我们的科技一直在追赶：访中国工程院院长周济[N/OL]. 人民日报，2013-01-12(2)[2013-03-20]. http://www.×××.com.

[3] 李炳穆. 韩国图书馆法[J/OL]. 图书情报工作，2008,52(6)：6-12[2013-10-25].http://www.×××.com.

[4] 李幼平，王莉. 循证医学研究方法：附视频[J/OL]. 中华移植杂志(电子版)，2010,4(3)：225-228[2014-06-09]. http://www.×××.com.

[5] 武丽丽，华一新，张亚军，等."北斗一号"监控管理网设计与实现[J/OL]. 测绘科学，2008,33(5)：8-9[2009-10-25].http://www.×××.com.

图 3-23　GB/T 7714－2015 中连续出版物著录格式示例

3）学位论文

[5] 周水良. 基于机器视觉的塔式镜场云监测[D/OL]. 南京：南京师范大学，2016[2020-03-09]. http://www.×××.com.

[6] 娄鑫霞. 电磁兼容中的测量与处理方法的若干关键技术[D/OL]. 南京：南京师范大学，2013[2020-03-09]. http://www.×××.com.

4）电子资源

电子资源包括电子公告、电子图书、电子期刊等。如：

[7] 江苏省高等学校教育技术研究会. 转发关于公布 2019 年全省高等学校微课教学比赛获奖名单的通知[EB/OL].（2019-12-02）[2020-02-02]. http://www.×××.com.

[8] 江苏省高等学校教育技术研究会. 参考文献的自动编号[EB/OL].（2019-09-02）[2020-02-02]. http://www.×××.com.

国标中电子资源著录示例如图 3-24 所示。

[1] 中国互联网络信息中心.第 29 次中国互联网络发展现状统计报告[R/OL].（2012-01-16）[2013-03-26].http://www.×××.com.

[2] 北京市人民政府办公厅.关于转发北京市企业投资项目核准暂行实施办法的通知:京政办发[2005]37 号[A/OL].（2005-07-12）[2011-07-12].http://www.×××.com.

[3] BAWDEN D. Origins and concepts of digital literacy[EB/OL].（2008-05-04）[2013-03-08].http://www.×××.com.

[4] Online Computer Library Center, Inc. About OCLC: history of cooperation[EB/OL].[2012-03-27].http://www.×××.com.

[5] HOPKINSON A. UNIMARC and metadata: Dublin core [EB/OL].（2009-04-22）[2013-03-27].http://www.×××.com.

图 3-24　GB/T 7714－2015 中电子资源著录格式示例

5. 操作练习与思考

在论文引用参考文献的位置插入"尾注"，将其设置为"上标"，并置于方括号之中。参考文献的"字体""段落"按学校、学院要求，或参考表 2-5 设置。宜养成边撰写论文，边插入参考文献引用"尾注"的习惯，随时插入"尾注"将为追溯文献带来诸多便利。完成后复制保留备份。

3.1.4　分多节后参考文献位置

如果"参考文献"后面有"附录"，在如图 3-4 所示的"脚注和尾注"对话框，"尾注"下拉列表中要选择"节的结尾"选项。如果为了使论文中的纵横向图、表显示清楚，将页面分成纵、横多种；或者论文按章节不同，插入了不同的页眉，都需要插入若干个分节符，页面如图 2-209 所示。"参考文献""尾注"就会出现在论文内容"第 1 节"的结尾，也就是图 2-209 中大图的位置，显然不对。

光标置于不应出现"参考文献""尾注"的节，单击"布局"选项卡中的"页面设置"选项组对话框启动器按钮。勾选"页面设置"对话框中"版式"选项卡中的"取消尾注"复选框，单击"确定"按钮，如图 3-25 所示。无论文档中插入了多少个分节符，均可将"参考文献""尾注"置于附录前。

图 3-25　取消尾注

3.1.5　修改样式

1．修改尾注样式

据往年部分学生反应，有的论文查重检测系统参考文献引用编号标注必须设置为"常规"字体，自动生成的"上标"编号标注无法识别，可以通过修改"尾注引用"样式，将"上标"统一修改为"常规"字体。提交学校、学院的论文终稿还应按国标要求设置为"上标"。可在修改前复制备份，在备份中修改。

按图 2-60 所示，打开"样式"任务窗格，在"样式"列表框中找到"尾注引用"样式，按 2.2.5 节修改样式的方法，在图 2-66"修改样式"对话框中的"格式"下拉列表中选择"字体"选项，弹出"字体"对话框，如图 3-26 所示，取消勾选"上标"复选框，单击"确定"按钮。返回"修改样式"对话框，单击"确定"按钮即可。

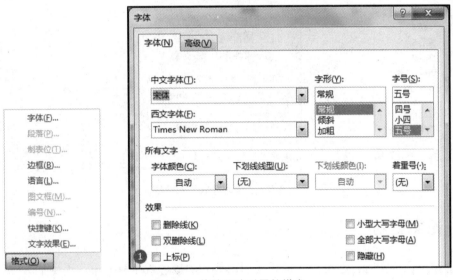

图 3-26　修改尾注引用的样式

如果在"样式"列表框中无"尾注引用"样式，如图 3-27 所示，单击"管理样式"按钮，弹出"管理样式"对话框，单击"推荐"选项卡，在"排序顺序"下拉列表中选择"按字母顺序"选项，在"选择一个或多个样式，设置默认情况下这些样式是否显示在推荐列表中以及它们的显示顺序"列表框中选择"尾注引用"选项，单击"显示"按钮，单击"确定"按钮，即可在"样式"列表框中显示"尾注引用"样式。

2．隐藏样式

如果图 3-27"样式"任务窗格中显示的项目非常多，可以在"管理样式"对话框中进行设置。单击"推荐"选项卡，在"选择一个或多个样式，设置默认情况下这些样式是否显示在推荐列表中以及它们的显示顺序"列表框中选择不需要显示的样式，单击"隐藏"按钮，将其隐藏。也可以单击"设置按推荐的顺序排序时所采用的优先级"选项区中的"上移""下移"等按钮，调整显示顺序，单击"确定"按钮，使"样式"任务窗格的显示清楚明了。

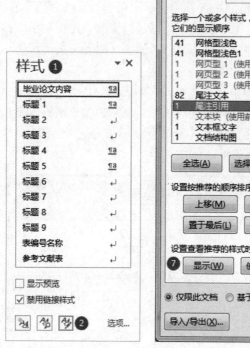

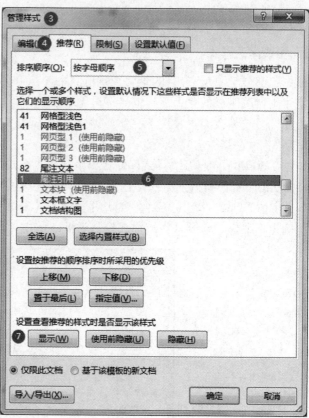

图 3-27 "管理样式"对话框

3.2 论文引用

写作学位论文时，不可避免地需要引用他人的概念或研究成果。引用他人的材料、观点、案例、结论等一切已出版的成果时，应当本着尊重知识产权的原则，规范地标注原文出处。这不仅是尊重别人的劳动成果，也体现了端正的学术态度。标记论文引用时，首要原则是格式统一，即不论采用哪种著录格式，都应做到全文前后统一。例如，在标注引文注释时全文采用夹注，或全文采用脚注形式。

3.2.1 中文引著规范

学位论文的注释分为释义性注释和引文注释两种。

释义性注释是针对论文中某个词语、句子的解释性句子。当作者认为应该对论文内容中所提到的术语、资料、人物、事件、资料或所讨论的议题做进一步的附带说明、评论或引申，而又怕在论文内容中提及会影响行文顺畅或打断读者的思路，就可以利用注释来加以阐释。有时，作者希望对在其研究过程中曾给予支持、协助、启发的个人或团体表示感谢之意等。

引文注释是为了标明此处内容的引用出处，或者是指向文后参考文献的节略形式。

　　注释按形式可以分为夹注（in-text note）、脚注（footnote）和尾注（endnote）三种方法。脚注和尾注的区别在于，脚注与论文内容显示在同一页，而尾注一般在章节结束后统一出现。

1．夹注

　　夹注是在相应内容之后的括号中给出需注释的内容，如相关解释、说明、引申，或者引文的作者、著作或文章的名称、出版处、页码等。注意论文内容中已有的信息不必在夹注中重复。行文中，夹注可以用于补充重要人物、地点、事件的国际通用语名称。例如：

示例 1：

　　　　他对马克斯·韦伯（Max Weber）的宗教理性化概念作出了回应。

示例 2：

　　　　因此，我们应当把人定义为符号的动物（animal symbolicum）来取代把人定义为理性的动物。

　　夹注还可以作为论文内容的相关补充、解释、说明。例如：

示例 1：

　　　　公鸡是主人的人格代理，斗鸡的游戏则是社会（村落、亲属群体、水利团体、种姓等）关系的模拟。

示例 2：

　　　　人们在美学研究的过程中所运用的，基本上是形而上的方法（也可以说是"自上而下"的方法），即从哲学的一般性的抽象原理出发，通过进行演绎推理来推导，解释各种具体的美学问题。

　　夹注也可以用作引文注释。

1）引文出自学者论著、论文

此类夹注较为简略，需要在参考文献中列出所引用的详细出处，便于读者查阅。

示例：

　　[1]　　（论文内容）孙立平和郭于华（2000）在一篇研究农村税费征收的论文中提出了"正式制度的非正式运作"的观点，对社会学的经验研究产生了广泛影响。

　　[2]　　（参考文献）孙立平，郭于华. 2000. "软硬兼施"：正式权力非正式运作的过程分析——华北 B 镇收粮的个案研究[G]. 清华社会学评论（特辑）. 厦门：鹭江出版社.

　　超过 4 行以上的引用，应当单独成段，比论文内容多缩进 2 个中文字符宽度。这类引用也可以采用夹注形式：

示例：

　　　　在社会学研究中，许多研究者在处理中国式的人际关系网络时，大都会使用"差序格局"这个经典概念。差序格局是费孝通先生在其名著《乡土中国》中提出的，用来描述中国人的行动结构。费孝通先生使用了著名的"水波纹"比喻来解释这个结构：

　　　　　　以己为中心，像石子一般投入水中，和别人所联系成的社会关系，不像团体中的分子一般大家立在一个平面上的，而是像水中的波纹一般，一圈圈推出去，愈推愈远，也愈推愈薄。在这里我们遇到了中国社会结构的基本特性了。（费孝通，2011：28）

这个概念至今已近百年，仍然是中国社会学界最为常用的概念之一，也是对中国社会结构最为基本的描述性概念。

由于夹注中只含有作者、出版年份和页码，当所引用的作者在该年出版了多部（篇）作品时，为了避免混淆，在撰写夹注和尾注时，需要在出版年份后加上 a、b、c、d 等序号，以指向明确的出版物。

示例：

（论文内容）……在中国本土学者中，翟学伟（2009a，2009b）在这个方面做出了重要的努力和贡献……

参考文献中可以查询到该作者的 2 篇文献信息：

示例：

[1]　（参考文献）翟学伟. 2009a. 是"关系"，还是社会资本[J]. 社会 29（1）：109-226.

[2]　（参考文献）翟学伟. 2009b. 再论差序格局的贡献、局限与理论遗产[J]. 中国社会科学（3）：152-158.

2）引文出自内部资料、笔记档案

需要注明时间。

示例：

为了找回原来唱歌的感觉，A 每次唱歌都会摆出在"街头艺人"琴行唱歌时使用的标语"为了梦想加油"。然而音乐理想在渐渐消失，A 的身体也越来越差。粉丝或朋友见到他时，第一句话常常是"你脸色怎么这么差?"（田野笔记，20160927）

3）引文出自采访对象、人物言论

如下例子中，C8 是经匿名化处理后的访谈对象。

示例：

我们要是一闹的话，老板可能就不要我们了。（我们）也可以找劳务中介换工作，但前提是老板同意，如果老板不同意，非让你回国，那你只能回国。在这一块来说，老板占主导。（C8，男，北县 CG 村）

4）引文出自古籍

有时可不加页码。

示例：

关于"推己及人"的具体方式，孔子称为"仁之方"（《论语·雍也》），而孟子称为仁术"。孔子对此的论述是"能近取譬"的忠恕之道，而孟子则利用齐宣王"见牛未见羊"的不忍人之心加以阐发（《孟子·梁惠王上》）。

2．脚注（或尾注）

夹注适用于简短的补充内容，对于较长的注释，适合以脚注（或尾注）的形式出现。

1）著作

标注顺序为：作者（责任者）与责任方式/文献名/出版地点/出版者/出版时间/页码。当责任方式为著时，"著"可以省略。对于译作，需要标注作者国籍和译者。

示例 1：

任继愈主编：《中国哲学发展史（先秦卷）》，北京：人民出版社，1983 年，第 25 页。

示例 2：

[日]实藤惠秀：《中国人留学日本史》，谭汝谦、林启彦译，香港：中文大学出版社，1982 年，第 11-12 页。

示例 3：

[法]阿诺尔德·范热内普：《过渡礼仪》，张举文译，北京：商务印书馆，2012 年，第 3 页。

2）析出文献

指文献来源于论文集，或为著作的某一章节。标注顺序为：作者（责任者）/析出文献题名/文集责任者与责任方式/文集题名/出版地点/出版者/出版时间/页码。当文集责任者与析出文献责任者相同时，可省去文集责任者。

示例 1：

杨西孟：《上海工人生活程度的一个研究》，李文海主编：《民国时期社会调查丛编：城市（劳工）生活卷》上册，第 291 页。

示例 2：

鲁迅：《中国小说的历史的变迁》，《鲁迅全集》第 9 册，北京：人民文学出版社，1981 年，第 325 页。

3）期刊

标注顺序为：作者（责任者）/文献名/期刊名/发表日期/页码。

示例：

郭丽、闫广芬：《试论日本教育近代化的不彻底性——基于战争责任的视角》，《现代大学教育》，2013 年第 1 期，第 78 页。

4）报刊杂志、档案

需要写明报刊杂志版面或档案编号。此类文献如有明确作者，需要写出。

示例 1：

嚼舌客：《看龙舟竞渡有感》，《中报》，1924 年 6 月 7 日，第四版。

示例 2：

《纱厂女工》，《申报》，1936 年 11 月 8 日，第二十二版。

示例 3：

《工厂工人生活状态调查表》，《建（设）厅令填送工厂状况、工人生活、工人团体调查表》第 1 册，无锡市档案馆馆藏，档号 M7-1-67。

5）古籍

需要写明具体版本、作者所属朝代。

示例：

〔清〕阮元校刻：《十三经注疏》下册，北京：中华书局 1980 年版，第 1743 页。

6）学位论文

需要写明院校机构名称和学位论文年份。

示例：

> 史阳：《菲律宾阿拉安芒扬人的神话、巫术和仪式研究》，北京大学博士论文，2011 年，第 58 页。

7）中介文献

需要以"转引自"形式列出原始文献。

示例 1：

> 《苏州民报》，1935 年 6 月 27 日，转引自朱小田《江南场景:社会史的跨学科对话》，上海：上海人民出版社 2007 年版，第 282 页。

示例 2：

> [越南]陈文饶：《19 世纪至八月革命前越南思想的发展（第一集）》，河内：越南社会科学出版社，1973 年版，第 461 页，转引自姜永仁、傅增有等著：《东南亚宗教与社会》，北京：国际文化出版公司，2012 年版，第 86 页。

8）电子资源

标注顺序为：作者（责任者）与责任方式/文献名/网站名/网页链接/发表时间/查询日期。

示例：

> "国务院新闻办公室发布《新时代的中国与世界》白皮书"，新华网，2019-09-27，http://www.×××.com，查询时间 2019-10-01。

9）释义型脚注及混合型脚注

示例 1：

> 信馆，即邮政局。

示例 2：

> 今译墨尔本。一些地名在当时的华文报刊上有不同的译法。比如，Melbourne 译为美利滨、美利畔、美利伴，Ballarat 译为孖辣、巴剌辣、巴剌律。

示例 3：

> 国内可查的学术论文是薛玉凤从自传事实的角度分析和唐晓雪从文化建构身份角度的解读。参见薛玉凤：《美国在心中的三维事实》，《荆门职业技术学院学报》2008 年第 8 期和唐晓雪：《后殖民主义视域下解读<美国在心中>的文化身份建构》，《科技信息》2012 年第 30 期。

10）同一文献多次出现

同一篇学位论文中，一篇文献在第二次及以上出现时，可省略部分引用信息（出版地点、出版者、出版时间）。如：

首次出现：

示例：

> 陈平：《×××》，北京：中国劳动出版社 1993 年版，第 523 页。

再次出现时：

示例：

陈平：《×××》，第 453 页。

3. 参考文献著录

参考文献体例大体与脚注相同，区别在于：

（1）标注顺序一般为作者（责任人）/文献名/出版地点/出版者/出版时间。

（2）参考文献一般不包含具体页码。期刊除外，需要列出文章的期数和页码范围；新闻报道需要列出文章来源的版面。

（3）参考文献一般不需要加书名号、双引号。

（4）参考文献需要标明文献类型。关于文献类型参见第 3.1.3 节。

（5）不同院校对参考文献著录有不同格式要求，若没有具体要求，建议参照国标。

示例 1：

安筱鹏．制造业服务化路线图：机理、模式与选择[M]．北京：商务印书馆，2012．

示例 2：

[英]费尔克拉夫．话语与社会变迁[M]．殷晓蓉译．北京：华夏出版社，2003．

示例 3：

程曼丽．美国大报涉华报道的网络信息源探析[J]．新闻与写作，2012（05）：71-72．

示例 4：

王刘波．16—17 世纪菲岛殖民者视角下的华侨同性恋现象与事实真相．2014 年海外华人研究研究生论坛——全球化与华人研究：新视野、新取向及新典范论文集，厦门大学，2014：38-54．

示例 5：

陈香君．外媒涉华报道中的中国国家形象研究[D]．天津科技大学，2017．

示例 6：

中国健康管理与健康产业发展报告 No.1（2018）[R]．北京：社会科学文献出版社，2018．

示例 7：

姜琳琳．用培训带动演出　街舞能否走上商业舞台[N]．北京商报，2015-04-02（G02）．

示例 8：

郑诗亮，石伟杰．商伟谈《金瓶梅》：定义了晚明时代的百科全书式小说[EB/OL]．澎湃新闻，2017-06-25，https://www.×××.com.

在参考文献里，同一作者的作品除了第一部（篇），之后的作品中可以用"——"代替作者。例如：

示例：

[1]　——．经济与历史/支配的类型[M]．康乐，等译．桂林：广西师范大学出版社，2004b.

[2]　——．支配社会学[M]．康乐，简惠美，译．桂林：广西师范大学出版社，2004c.

[3] ——. 法律社会学[M]. 康乐，简惠美，译. 桂林：广西师范大学出版社，2005b.

学位论文的参考文献较多，可以按照不同方法进行简单归类，例如分成"中文文献""英文文献"，或"著作""期刊""报刊杂志""网络资源"……等。

3.2.2　英（外）文引著规范

我国高校学生在撰写毕业论文（设计）时，常在著录参考文献的部分遇到英文或其他外文文献。不同学科对英文参考文献格式通常有不同的要求。目前在社会科学类学位论文中，英文文献参考文献的著录一般遵从下面三种常用的格式：APA 格式、MLA 格式、Chicago 格式。

某些专业要求用英文写作毕业论文，学生按照学校、学院规定采取某一种格式即可。对于大部分中文撰写的毕业论文，在论文内容中引著时，参考中文文献的格式即可。著录参考文献时，选取以下任意一种格式。

1．APA 格式

APA 格式指的是美国心理学会（American Psychological Association）出版的《美国心理协会刊物准则》，目前已出版至第六版，总页数 272 页。此协会是目前在美国具有权威性的心理学学者组织。APA 格式是一个为大众广泛接受的研究论文撰写格式，特别针对社会科学领域的研究，用来规范学术文献的引用和参考文献的撰写方法，以及表格、图表、脚注和附录的编排方式。APA 格式因采用哈佛大学文章引用的格式而广为人知，其"作者和日期"的引用方式和"括号内引用法"相当著名。中国的外语类期刊（语言学刊物为主）及自然科学类的学术刊物常使用 APA 格式。

APA 规范格式主要包括文内文献引用（Reference Citations in Text）和文后参考文献列举（Reference List）两大部分。APA 格式强调出版物的年代（Time of the Publication Year）而不大注重原文作者的姓名。引文时常将出版年代置于作者缩写的名（the Initial of Author's First Name）之前。

1）文内文献引用

论文内容中提到英文文献时，有如下原则：

（1）作者姓氏首字母、名字缩写需要大写。

（2）提到文献标题时，标题中超过 4 个字母的词需要大写其首字母，少于 4 个字母的单词，遇到动词、名词、人称代词、形容词、副词时也应大写首字母，例如 Writing New Media, There Is Nothing Left to Lose。

（3）对于含有连字符的复合词，两个词均需要大写，例如 Natural-Born Cyborgs。

（4）英文著作或文献标题常常含有冒号、连字号，在冒号、连字号之后的单词需要大写，例如 The Righteous Mind: Why Good People Are Divided by Politics and Religion。

（5）标题中含有书名、电影名、电视剧名等特殊名词时，通常用斜体表示，例如 Defining Film Rhetoric: The Case of Hitchcock's *Vertigo*。

APA 格式并不鼓励作者采用脚注（或尾注）的形式。文内文献引用采取夹注的形式，在括号内列出作者、出版年份；如果论文内容提及作者，在括号里注明年份即可。

示例 1：

Harlem had many artists and musicians in the late 1920s (Belafonte, 2008).

示例 2：

According to Belafonte (2008), Harlem was full of artists and musicians in the late 1920s.

如果直接引用来源文献的原文，最好标明具体页码。例如：

示例：

According to Jones (1998), "Students often had difficulty using APA style, especially when it was their first time" (p. 199).

2）参考文献著录

在参考文献部分，文献标题只有第一个字母需要大写，例如 Writing new media。通常将著作、文集、期刊的标题以斜体表示。以下列举了不同类型文献的 APA 格式著录方式。

（1）著作。

著录顺序为：作者（姓氏+名字首字母）/出版时间/著作标题/出版地/出版者。如有多位作者，在最后一位作者之前增加"&"符号。

示例 1：

Turner, V. (1986). *The anthropology of performance*. New York: PAJ Publications.

示例 2：

Calfee, R. C., & Valencia, R. R. (1991). *APA guide to preparing manuscripts for journal publication.* Washington, DC: American Psychological Association.

（2）编著著作。

著录顺序为：编者（姓氏+名字首字母）/出版时间/著作标题/出版地/出版者。如有多位作者，在最后一位作者之前增加"&"符号。如有一位编者，增加 Ed.代表 Editor。如有多位作者，增加 Eds.代表 Editors。

示例 1：

Goda, T. (Ed.). (2003). *Postcolonialism and Local Politics in Southeast Asia*. Quezon City: New Day Publishers.

示例 2：

Duncan, G. J., & Brooks-Gunn, J. (Eds.). (1997). *Consequences of growing up poor*. New York, NY: Russell Sage Foundation.

（3）析出文献。

著录顺序为：作者/出版时间/文章或章节名/书籍编者/书籍名/析出文献页码/出版地/出版者。

示例：

O'Neil, J. M., & Egan, J. (1992). Men's and women's gender role journeys: A metaphor for healing, transition, and transformation. In B. R. Wainrib (Ed.), *Gender issues across the life cycle* (pp. 107-123). New York, NY: Springer.

（4）译作。

著录顺序为：作者/出版时间/译作名称/译者/出版地/出版者。在书名后以括号形式列出译者，必要时可在条目最后列出原作品的发表时间。

示例：

Laplace, P. S. (1951). *A philosophical essay on probabilities* (F. W. Truscott & F. L. Emory, Trans.). New York, NY: Dover. (Original work published 1814).

（5）期刊。

著录顺序为：作者/发表时间/期刊文章名/期刊名/期号卷号/页码。如果有具体的卷号，以括号形式加在期号之后。

示例1：

Hu, Y., Wood, J. F., Smith, V., & Westbrook, N. (2004). Friendships through IM: Examining the relationship between instant messaging and intimacy. *Journal of Computer-Mediated Communication*, 10, 38-48.

示例2：

Cummings, J. N., Butler, B., & Kraut, R. (2002). The quality of online social relationships. *Communications of the ACM*, 45(7), 103-108.

（6）报刊杂志。

著录顺序为：作者/发表时间/报刊杂志文章名/报刊杂志名/版面。

示例：

Schultz, S. (2005, December). Calls made to strengthen state energy policies. *The Country Today*, pp. 1A, 2A.

（7）电子资源。

著录顺序为：作者/网站发表时间/资源标题/网站链接。如有资源的最初发表时间，也可以加上。如果是电子期刊，参照期刊著录方式，表明期卷号。

示例1：

Eco, U. (2015). How to write a thesis. (Farina C. M. & Farina F., Trans.) Retrieved from https://www.×××.com.(Original work published 1977).

示例2：

Bernstein, M. (2002). 10 tips on writing the living web. *A List Apart: For People Who Make Websites, 149*. Retrieved from https://www.×××.com.

2. MLA 格式

MLA 格式是美国现代语言协会（Modern Language Association）制定的论文指导格

式。该格式是美国现代语言学会制定的书目及注释格式，较多应用于人文、艺术和医学领域。

1）文内文献引用

与 APA 引著格式不同，文内文献引用时，MLA 使用的是"作者姓氏+页码"的组合。

示例：

> Human beings have been described as "symbol-using animals" (Burke 3).

如果引用作者人数为两人，作者之间以 and 相连接。

示例：

> The authors state "tighter gun control in the Uniteds States erodes Second Amendment right" (Smith and Yang 76).

如果引用作者超过三人，需要使用 et al.的缩略写法。

示例：

> Legal experts counter Smith and Yang's argument by noting that the current spike in gun violence in America compels law makers to adjust gun laws (Jones et al. 8).

2）参考文献著录

与 APA 格式不同，MLA 格式将出版时间放在条目的最后，且完整提供作者的姓名。

（1）著作。

著录顺序为：作者姓名（姓+名）/著作标题/出版地/出版者/出版时间。如有 2～3 位作者在最后一位作者之前加 and。如有 3 位以上作者，只保留第一位作者，其余以 et al.（拉丁语：及其他）省略。

示例 1：

> Okuda, Michael, and Denise Okuda. *Star Trek Chronology: The History of the Future*. New York: Pocket, 1993.

示例 2：

> Gillespie, Paula, and Neal Lerner. *The Allyn and Bacon Guide to Peer Tutoring*. Allyn and Bacon, 2000.

示例 3：

> Wysocki, Anne Frances, et al. *Writing New Media: Theory and Applications for Expanding the Teaching of Composition*. Utah State UP, 2004.

（2）编著著作。

著录顺序为：编者（姓氏+名字首字母）/著作标题/出版地/出版者/出版时间。如有多位作者，在最后一位作者之前增加 and。一位作者以 editor 标注，多位作者以 editors 标注。

示例 1：

> Peterson, Nancy J., editor. *Toni Morrison: Critical and Theoretical Approaches*. Johns Hopkins UP, 1997.

示例 2：

Hill, Charles A., and Marguerite Helmers, editors. *Defining Visual Rhetorics*. Lawrence Erlbaum Associates, 2004.

（3）析出文献。

著录顺序为：作者/文章或章节名/书籍名/书籍编者/出版地/出版者/出版时间/析出文献页码。

示例：

James, Nancy E. "Two Sides of Paradise: The Eden Myth According to Kirk and Spock." *Spectrum of the Fantastic*. Ed. Donald Palumbo. Westport, CT: Greenwood, 1988, PP. 219-223.

（4）译作。

著录顺序为：作者/译作名称/译者/出版地/出版者/出版时间。在书名后列出译者，必要时可在条目最后列出原作品的发表时间。

示例：

Foucault, Michel. *Madness and Civilization: A History of Insanity in the Age of Reason*. Translated by Richard Howard, Vintage-Random House, 1988.

（5）期刊。

著录顺序为：作者/期刊文章名/期刊名/期号卷号/发表时间/页码。如果有具体的卷号，加在期号之后。

示例：

Wilcox, Rhonda V. "Shifting Roles and Synthetic Women in Star Trek: The Next Generation." *Studies in Popular Culture,* vol.13, no.2, 1991, PP. 53-65.

（6）报刊杂志。

著录顺序为：作者/报刊杂志文章名/报刊杂志名/发表时间/版面。

示例：

Di Rado, Alicia. "Trekking through College: Classes Explore Modern Society Using the World of Star Trek." *Los Angeles Times* 15 Mar. 1995, P. A3.

（7）电子资源。

著录顺序为：作者/资源标题/网站发表时间/网站链接。如有资源的最初发表时间，也可以加上。如果是电子期刊，参照期刊著录方式，标明期卷号。

示例：

Lynch, Tim. "DSN Trials and Tribble-actions Review." *Psi Phi: Bradley's Science Fiction Club*. 1996. Bradley University. 8 Oct. 1997, http://www.×××.com.

3．Chicago 格式（芝加哥格式）

这一格式的基准是《芝加哥引注格式使用指南》（The Chicago Manual of Style），由美国芝加哥大学出版社整理并推荐。Chicago 格式又具体细分为两种：Chicago A 格式（脚注+参考文献式）、Chicago B 格式（夹注+参考文献式）。

1）Chicago A 格式（脚注+参考文献式）

在文内文献引用中，此类格式要求将所引文献用脚注形式引注。需要列明作者的姓名，名在前，姓在后。以括号形式列出出版地、出版者、出版时间，最后列出页码，页码前不加"p."或"pp."。举例如下：

脚注示例 **1**：

Jack Kerouac, The Dharma Bums (New York: Viking Press, 1958), 128.

脚注示例 **2**：

Scott Lash and John Urry, Economies of Signs & Space (London: Sage Publications, 1994), 241-51.

脚注示例 **3**：

Julio Cortázar, Hopscotch, trans. Gregory Rabassa (New York: Pantheon Books, 1966), 165.

脚注示例 **4**：

Edward B. Tylor, Researches into the Early Development of Mankind and the Development of Civilization, ed. Paul Bohannan (Chicago: University of Chicago Press, 1964), 194.

脚注示例 **5**：

Gloria Anzaldúa, "How to Tame a Wild Tongue," in Borderlands: The New Mestiza - La Frontera, (San Francisco: Aunt Lute Book Company, 1987), 53-64.

脚注示例 **6**：

Muriel Harris, "Talk to Me: Engaging Reluctant Writers," in A Tutor's Guide: Helping Writers One to One, ed. Ben Rafoth (New Hampshire: Heinemann, 2000), 24-34.

与脚注相对应，在 Chicago A 格式下的参考文献也需要遵循一定的规范。举例如下：

参考文献示例 **1**：

Kerouac, Jack. *The Dharma Bums*. New York: Viking Press, 1958.

参考文献示例 **2**：

Lash, Scott, and John Urry. *Economies of Signs & Space*. London: Sage Publications, 1994.

参考文献示例 **3**：

Cortázar, Julio. *Hopscotch*. Translated by Gregory Rabassa. New York: Pantheon Books, 1966.

参考文献示例 **4**：

Tylor, Edward B. *Researches into the Early Development of Mankind and the Development of Civilization*. Edited by Paul Bohannan. Chicago: University of Chicago Press, 1964.

参考文献示例 **5**：

Anzaldúa, Gloria. "How to Tame a Wild Tongue." *In Borderlands: The New Mestiza − La Frontera*. San Francisco: Aunt Lute Book Company, 1987.

参考文献示例 **6**：

Harris, Muriel. "Talk to Me: Engaging Reluctant Writers." In *A Tutor's Guide: Helping Writers One to One,* edited by Ben Rafoth, 24-34. New Hampshire: Heinemann, 2000.

2）Chicago B 格式（夹注+参考文献式）

芝加哥格式也可以用作者姓名的文中引注格式。与 APA 格式一样，在括号中写出作者或组织者的姓氏全称或缩写，加上年份，如果需要，还可以加上页码，例如：（Goman 1989，59），或者（Fairbairn and Fairbairn 2001），或者（MHRA 2004）。因此，Chicago B 格式又被称作"作者-年份式"。如果一篇文献有 1～3 位作者，在引注中依次写出他们的姓氏。如果有超过 3 位作者，写出第一个作者的名字然后以"et al."省略代替其他作者的名字，例如：（Brown et al. 2009）。这种格式与 APA 格式十分相似，区别在于：

（1）芝加哥格式的参考文献将作者姓名全部拼出。

（2）出版日期不加括号。

（3）标题里每个实词需要大写。

（1）著作。

著录顺序为：作者姓名（姓+名）/著作标题/出版地/出版者/出版时间。如有多位作者，在最后一位作者之前加"and"。参考文献条目中需要写出所有作者的名字，不管有多少位作者。

示例 1：

Agamben, Giorgio. 1998. *Homo Sacer: Sovereign Power and Bare Life*. Translated by Daniel Heller-Roazen. Stanford: Stanford University Press.

示例 2：

Fairbairn, Gavin and Susan Fairbairn. 2001. *Reading at University: A Guide for Students*. Maidenhead: Open University Press.

示例 3：

Kloos, Bret, Jean Hill, Elizabeth Thomas, Abraham Wandersman, Maurice J. Elias, and James H. Dalton. 2012. *Community Psychology: Linking Individuals and Communities*. 3rd ed. Belmont: Wadsworth.

（2）编著著作。

著录顺序为：编者（姓氏+名字首字母）/出版时间/著作标题/出版地/出版者。如有多位作者，在最后一位作者之前增加"and"。一位作者以"ed."标注，多位作者以"eds."标注。

示例 1：

Beckham, Todd, ed. 1951. *The Soccer Chronicles*. Chicago: University of Chicago Press.

示例 2：

Kamp, John C. and Alison Norris, eds. 1987. *The Lawn Mowing Guide*. San Diego: Green Press.

（3）析出文献。

著录顺序为：作者/出版时间/文章或章节名/书籍名/书籍编者/析出文献页码/出版地/出版者。

示例：

Foucault, Michel. 1984b. "Panopticism." In *The Foucault Reader*, edited by Paul Rabinow, 206-13. New York: Pantheon.

（4）译作。

著录顺序为：作者/出版时间/译作名称/译者/出版地/出版者。如果为篇章，还需要加上具体页码。

示例：

Ijessling, Samuel. 1976. "Who is Actually Speaking Whenever Something is Said?" In Rhetoric and Philosophy in Contact: An Historical Survey, translated by Paul Dunphy, 127-36. Hague, Netherlands: Martinus Nijhoff.

（5）期刊。

著录顺序为：作者/发表时间/期刊文章名/期刊名/期号卷号/页码。如果有具体的卷号，以括号形式加在期号之后。

示例：

Thomas, Nicholas. 2008. "Pedagogy and the Work of Michel Foucault." *JAC* 28(1-2): 151-80.

（6）报刊杂志。

著录顺序为：作者/发表时间/报刊杂志文章名/报刊杂志名/版面。

示例：

Doe, Jane. 2002. "What it feels like to be the real Jane Doe." *Reality*, May 6.

（7）电子资源。

著录顺序为：作者/发表时间/资源标题/网站链接。如果是电子期刊，参照期刊著录方式，表明期卷号。

示例 1：

Environmental Leader. 2014. "Hilton Lightstay Program Helped Save $29M in 2009." http://www.×××.com.

示例 2：

Hennessy, Thomas W., Craig W. Hedberg, Laurence Slutsker, Karen E. White, John M. Besser-Wiek, Michael E. Moen, John Feldman, William W. Coleman, Larry M. Edmonson, Kristine L. MacDonald, and Michael T. Osterholm. 2002. A national outbreak of Salmonella enteritidis infections from ice cream. *The New England Journal of Medicine* 287, no. 5 (February 6), http://www.×××.com.

4．外文（非英文）参考文献著录

论文写作中如遇到需要引用英文之外的外文文献，应当遵循与文中中文或英文文献保持一致的原则。对于某些非通用语文献，可以列出文献标题的中文翻译，供读者参考。举例如下：

示例 1：

長浜功：『日本ファシズム教師論―――教師たちの八月十五日』，東京：大原新生社，1981 年。

示例 2：

B. Wulff, S. Iwersen- Bergmann, T. Pabel et al. Suizide von über 80-jährigen in Hamburg unter Berücksichtigung geschlechtsspezifischer Aspekte[J]. *Rechtsmedizin*, 2014, 24(2).

示例 3：

Delos Reyes, M. 2006. *Prusisyon: Paghahanda at Pagdiriwang.*（《游行：准备和庆祝》）Quezon City: Claretian Publications.

3.2.3 文献管理工具

目前有多款软件或工具可以帮助学生有效管理从各类渠道搜集的文献信息，并按照不同格式要求进行引用、著录。这类软件或工具需要将文献信息以手工方式或批量导入的方式录入，建立起个人文献数据库，同时能够在 Word 中插入夹注、脚注、尾注、参考文献，同时按照高等院校毕业论文（设计）的著录格式输出。用户可以在任何时间、任何地点访问个人文献数据库。此类工具包括：RefWorks、NoteExpress、EndNote、Zotero 等。学生可以通过校园网查找并使用。

3.2.4 参考文献自动编号（引文与书目法）

参考 3.2.2 节，参考文献的著录格式有多种，可以运用 Word 插入"引文与书目"的方法自动生成参考文献。

1．新建书目源

单击"引用"选项卡中"引文与书目"选项组中的"样式"下拉列表按钮，选择"IEEE 2006"选项，如图 3-28 所示。单击"引用"选项卡中"引文与书目"选项组中的"管理源"按钮，弹出"源管理器"对话框。如果其他文章中已输入了"书目"，会自动显示在"主列表"列表框中，选中需要的书目，单击"复制"按钮，就显示在"当前列表"列表框中。单击右上角"▼"下拉列表按钮，选择"按标记排序"选项，单击"关闭"按钮。

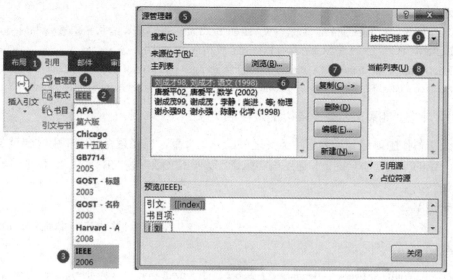

图 3-28 "源管理器"对话框

如果"主列表"列表框中无书目，单击"新建"按钮，弹出"创建源"对话框，如

图 3-29 所示。在"源类型"下拉列表中选择需要的文献类型，勾选"显示所有书目域"复选框，在展开的文本框中，按不同文献类型，填写文献信息。

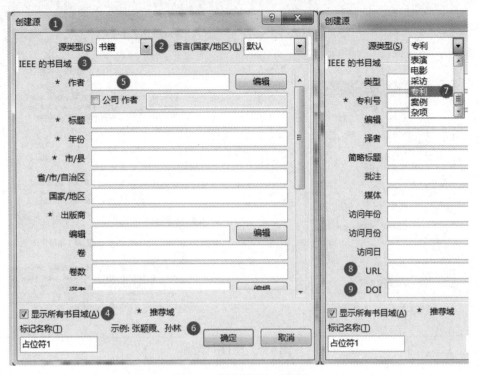

图 3-29　"创建源"对话框

如果是集体作者，如国标，勾选"公司　作者"复选框。将光标置于文本框中，如置于"作者"文本框中，下面显示"示例：张颖霞，孙林"，可参考示例填写。将右边的滑块滑至底部，填写 URL 网址和 DOI 数字对象唯一标识符。单击"确定"按钮。

2．插入引文标注

光标置于论文中需要插入参考文献编号标注的位置，单击"引用"选项卡中"引文与书目"选项组中的"插入引文"下拉列表按钮，选择需要插入的文献，如图 3-30 所示。在插入位置出现带灰色底纹的［1］。如果多次引用，可再次插入。多次引用应在方括号外标注引用文献的页码。如果图 3-30 中没有显示可选文献，选中图 3-28"主列表"中的文献，单击"复制"按钮，将需要的文献复制至"当前列表"中，单击"关闭"按钮。

3．插入参考文献

光标置于插入参考文献的位置，单击"引用"选项卡中"引文与书目"选项组中的"书目"下拉列表，选择"引用作品"选项，如图 3-31 所示，自动生成参考文献如图 3-32 所示。光标置于"引用作品"之前，按 Backspace 键，删除"第 4 章□"，将"引用作品"改为"参考文献"，整理后的参考文献如图 3-33 所示。

自动生成的"书目域"会根据插入参考文献顺序的调整而自动更新调整。

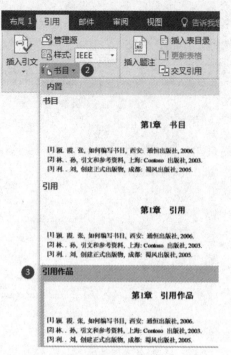

图 3-30　插入引文

图 3-31　插入书目

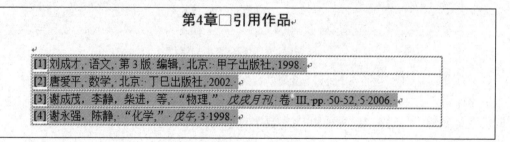

第4章□引用作品

[1] 刘成才. 语文. 第 3 版. 编辑. 北京: 甲子出版社, 1998.	
[2] 唐爱平. 数学. 北京: 丁巳出版社, 2002.	
[3] 谢成茂, 李静, 柴进, 等. "物理," *戊戌月刊*. 卷. III, pp. 50-52, 5. 2006.	
[4] 谢永强, 陈静. "化学," *戊午*. 3. 1998.	

图 3-32　自动生成参考文献

参考文献

[1] 刘成才. 语文. 第 3 版. 编辑. 北京: 甲子出版社, 1998.	
[2] 唐爱平. 数学. 北京: 丁巳出版社, 2002.	
[3] 谢成茂, 李静, 柴进, 等. "物理," *戊戌月刊*. 卷. III, pp. 50-52, 5. 2006.	
[4] 谢永强, 陈静. "化学," *戊午*. 3. 1998.	

图 3-33　整理后的参考文献

4．修改书目的样式

由于自动生成的书目与 GB/T 7714－2015 有差异，参考 3.1.5 节修改样式的方法，修改"书目"样式，不过无法将斜体的"*戊戌月刊*"改为正体。

3.2.5 插入脚注

脚注是附在论文页面底端，对某些文字加以补充说明、注释，如标注拼音，可以解释文字含意、出处等，中学课本古文部分有许多脚注。单击"引用"选项卡中"脚注"选项区中的对话框启动器按钮，弹出"脚注和尾注"对话框，如图 3-34 所示。"位置"选择"脚注"选项，单击下拉列表按钮，选择"页面底端"选项。在"编号格式"下拉列表中选择需要格式。单击"编号"下拉列表按钮，可选择"每页重新编号"选项，单击"插入"按钮，光标跳转至脚注区，输入相关信息即可。单击"视图"选项卡中"视图"选项组中的"草稿"按钮，切换至"草稿"视图。单击"引用"选项卡中"脚注"选项区中的"显示备注"按钮，在弹出的"显示备注"对话框中选择"查看脚注区"选项，单击"确定"按钮，窗口分为上下两部分，如图 3-34 所示，可查看脚注区。

图 3-34 插入脚注

第 4 章　论文提交技术

一般学位论文需要上传全部文档的电子稿，并打印装订纸质稿备查。

4.1　Word 文档另存为 PDF 文档

论文有图、表及公式，如果用 Word 文档打印，计算机不同打印效果会有差异。为了固定版面，应另存为 PDF 文档。然后打开 PDF 文档，逐页检查标题、图、表及公式，检查无误方可网上提交或打印。另存为 PDF 文档还可以防止文档被随意修改。

1．更新域与锁定域

设置打印前更新域，打开"Word 选项"对话框，单击"显示"选项卡，勾选"打印选项"选项区中的"打印前更新域"复选框，单击"确定"按钮，如图 2-85 所示。或者按 Ctrl+A 组合键全选，右击，在弹出的快捷菜单中选择"更新域"选项，进行更新。一定要确保打印稿或 PDF 稿是最终更新稿。

有时不需要打印前更新域，而要锁定域，按 Ctrl+A 组合键，全选，按 Ctrl+F11 组合键即可。需要解锁时，按 Ctrl+A 组合键，再按 Ctrl+Shift+F11 组合键。

如果要将"域"永久转换为普通文字或图形，按 Ctrl+A 组合键，全选，然后按 Ctrl+Shift+F9 组合键即可。注意"域"转换成普通文字后不能继续更新，因此转换前应另存备份文档。

如果不需要全文更新域，也可以进行个别更新。选中或将光标置于需要更新的域，右击，在弹出的快捷菜单中选择"更新域"选项即可。

2．另存为 PDF 文档

单击"文件"按钮，从弹出的菜单中选择"另存为"命令，弹出"另存为"对话框，如图 4-1 所示，单击"保存类型"下拉列表按钮，选择"PDF"选项。在图 4-2 中单击"选项"按钮，弹出"选项"对话框，如图 4-3 所示。

在"选项"对话框中勾选"创建书签时使用"复选框，选择"标题"单选按钮，单击"确定"按钮。生成的 PDF 文档就包含"目录"和"标题"的链接，图 4-3 右侧为本书的"PDF"导航。

注意："发布内容"要选择"文档"选项，不要选择"显示了标记的文档"选项。如果选择"显示了标记的文档"选项，生成的 PDF 文档包含批注、修订内容，如图 4-4 所示。

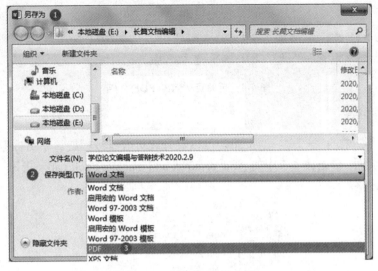

图 4-1　另存为 PDF 文档

图 4-2　另存为 PDF 选项

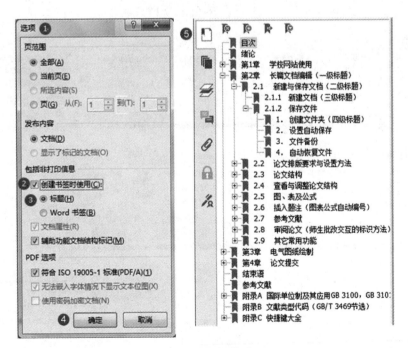

图 4-3　PDF 选项

本书是指导学生按规范、用技术完成学位论文的参考书。主要依据 GB/T 7713.1−2006、部分院校学位论文撰写参考规范，结合撰写论文实际过程编写，加上一句话。而成

图 4-4 带修订内容的 PDF 文档

3．PDF 书签

单击图 4-3 中的"+""−"按钮，可以展开或折叠下级标题。单击标题，光标自动定位至相关页面。单击图 4-5 中的 Add, remove, and manage bookmarks 按钮，可以显示或折叠"导航窗格"。

图 4-5 显示或折叠"导航窗格"

打开 PDF 文档，单击"视图"或 View 选项卡中的"导航面板"下拉列表按钮，选择"书签"选项，如图 4-6 所示，也可打开 PDF 文档导航。

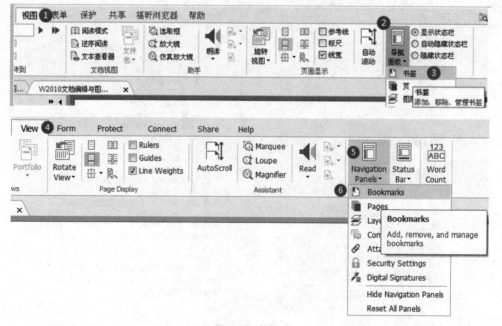

图 4-6 书签

4．制作图书样章

有的同学今后可能要著书立说，在联系出版社时要提供样章。图书编辑完成后，目录、页码、图、表、公式等的编号均为域，如果将完整的图书直接删除部分章节作为样章，就会生成大量的"**错误!未定义书签**"提示，严重影响样章的效果。通过下列方法，可以达到较好的效果。

（1）全文备份，保存完整"域"文档。

（2）打开用于制作样章的文档，按 Ctrl+A 组合键全选，右击，在弹出的快捷菜单中选择"更新域"选项，使全文处于最新状态。

（3）打开"Word 选项"对话框，进入"高级"选项卡中的"显示文档内容"选项区，在"域底纹"下拉列表中选择"始终显示"选项，单击"确定"按钮，使域底纹始终显示灰色。

（4）按 Ctrl+A 组合键，全选，按 Ctrl+Shift+F11 组合键锁定"域"，或按 Ctrl+Shift+F9 组合键，清除 Word 文档中的超链接。使内容"域"处于锁定状态，清除超链接的"域"成为普通文字，不再显示灰色底纹。

（5）浏览全文，检查是否仍存在显示为灰色的"域"，将其锁定。

（6）切换至"大纲视图"删减章节，保留样章内容。注意在删减时要保留出现在样章前面的章、节标题。例如：需要将"第 2 章"作为样章，就要保留"第 1 章"的标题；需要将"3.2.2 节"作为样章，就要保留"第 1 章""第 2 章""第 3 章"及"3.1 节""3.2节""3.2.1 节"的标题。不然样章"3.2.2 节"就自动显示为"1.1.1 节"，和已经转换为普通文字的"目录"不能一一对应。

（7）最后按本节"另存为 PDF 文档"的方法，保存 PDF 文档。生成的样章 PDF 文档依然包含标题导航。

5．最终检查

生成 PDF 文档后，要对论文进行最终的检查。检查内容主要包括以下方面。

（1）检查封面填写内容与布局是否无误且美观。

（2）检查目录生成是否无误且美观。

（3）单击图 4-5 或图 4-6 中的"书签"按钮，打开导航，检查各级标题是否无误，特别是四、五、六级标题的首行缩进。如果不正常，删除 PDF 文档，重新调整 Word 文档，重新另存为 PDF 文档。

（4）检查论文段落的缩进是否正常。

（5）检查图、表及公式显示是否正常，特别是用 Word 单击"插入"选项卡中的"插图"选项组绘制的图，有时会移位。

6．PDF 文档的打开

如果没有安装 PDF 阅读器，可用浏览器打开 PDF 文档。选中文档后右击，在弹出的快捷菜单中选择"打开方式"选项，在弹出的子菜单中单击浏览器，如单击 Google Chrome 按钮，如图 4-7 所示，即可打开浏览器。打开后单击右上角的"书签"按钮，弹出"书签"窗口，单击">"展开下级标题，单击"∨"折叠下级标题。单击右上角的"自定义及控制 Google Chrome"按钮，在弹出的快捷菜单中单击"缩放"区的"+"或"–"按钮，可调整显示大小，如图 4-8 所示。

图 4-7　打开方式

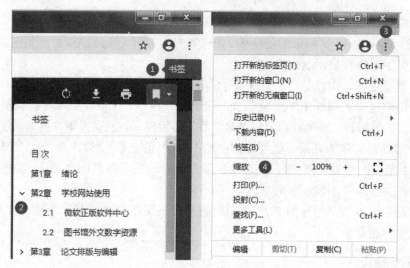

图 4-8　书签与缩放

7. 操作练习与思考

将论文另存为 PDF 文档，打开 PDF 检查导航、内容、图、表、公式是否正常，如有不正常，删除后重新保存。

4.2　CAD 文档另存为 PDF 文档

对于机械、建筑、电气、服装等专业的学生，常用 CAD 软件绘制图纸，必须用专用的软件才能打开，而且即使安装了 CAD 软件，版本不同也可能导致不能正常打开。为了使没有安装 CAD 软件的计算机也能查看图纸，可把文档另存为 PDF 文档。

新建一个"张三毕业设计图纸 PDF"文件夹，存放 PDF 图纸文档。

1. 页面设置

打开 CAD 文档，单击"文件"选项卡中的"页面设置管理器"按钮，如图 4-9 所示，弹出"页面设置管理器"对话框，单击"修改"按钮，弹出"页面设置-模型"对话框，如图 4-10 所示。

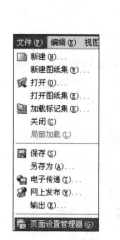
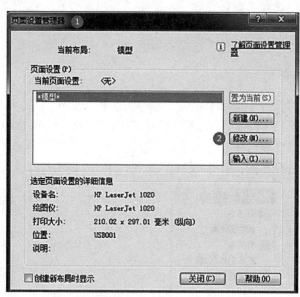

图 4-9 "页面设置管理器"对话框

图 4-10 "页面设置-模型"对话框

在"页面设置-模型"对话框中的"打印机/绘图仪"选项区，单击"名称"下拉列表按钮选择 DWG To PDF pc3 选项。单击"图纸尺寸"下拉列表，选择"ISO A3（297.00×420.00 毫米）"选项（根据需要选择）。勾选"布满图纸""居中打印"复选框。单击"打印样式表（笔指定）"下拉列表，选择 monochrome.ctb 选项，将彩色图纸转换为黑色。"图形方向"选择"横向"选项（根据需要选择）。单击"打印区域""打印范围"下拉列表，选择"窗口"选项，单击"窗口"按钮，在图纸中框选打印范围。单击"预览"按钮，检查设置是否正确。单击"确定"按钮。关闭"页面设置管理器"对话框。

也可以单击"文件"选项卡中的"打印预览"按钮检查设置，如图 4-11 所示。

2. 打印

单击"文件"选项卡中的"打印"按钮，如图 4-12 所示，弹出"打印-模型"对话框，如图 4-13 所示。"打印机/绘图仪"的"名称"选择 DWG To PDF pc3 选项，"图纸尺寸"按图纸需要选择。勾选"布满图纸""居中打印"复选框。单击"窗口"按钮，在图纸中框选打印范围。单击"确定"按钮，弹出"浏览打印文件"对话框，如图 4-14 所示。

图 4-11　打印预览

图 4-12　打印

在弹出的"浏览打印文件"对话框中单击"保存于"下拉列表选择保存 PDF 文档的文件夹。在"文件名"文本框中输入文档名，单击"保存"按钮。完成第一页图纸的转换。如图 4-14 所示。

注意：因为各位同学的图纸名称可能相同，所以命名时要加上姓名和完成日期。CAD 另存为 PDF 文档一页图纸一个文档，因此多页图纸有多个文档，要根据图纸内容适当命名，才能方便查看。按同样方法，处理其他图纸，全部保存在同一文件夹中，编制图纸名称、图号、幅面汇总表，置于论文附录中。

图 4-13　"打印-模型"对话框

图 4-14　"浏览打印文件"对话框

3. 操作练习与思考

将图纸另存为 PDF 文档后，打开 PDF 文档，检查显示内容是否显示正常，是否清晰可见，图纸是否居中，如有不正常，删除后重新保存。

4.3 论文装订

论文完成后如需提交纸质稿，应认真填写统一封面，在印刷厂装订成册。填写封面时应先清点字数，在草稿上试填，检查无误，尽可能布局美观，然后在论文封面用钢笔填写。

低年级同学撰写《社会调查报告》《创新实践报告》《竞赛设计报告》等报告，页数较少，打印后可自行装订。装订线在离纸张左侧 10mm，上、下 50mm 处，对称垂直装订 2～3 个订书针。

如有 A3 图纸，装订在论文后面，如图 4-15 所示。图纸缩进论文 10mm 折叠，防止装订后上剪纸机裁剪时被剪断。再双折，注意图号折在前面，便于查阅。

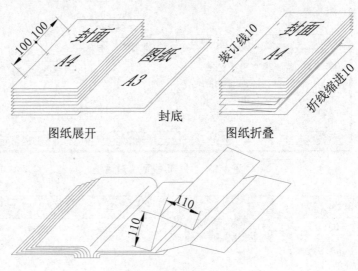

图 4-15　图纸折叠与装订

第 5 章　论 文 答 辩

学位论文完成后要准备答辩。学位论文答辩是对大学生在校期间所学知识、所获能力的综合性考查。答辩由学校、学院组织，按教学计划安排，是有准备、有鉴定、正式的、公正的审查论文的形式，也是同学们人生中一个重要的时刻。为了顺利完成答辩，要作好充分准备，展示成果，展示自我。

5.1　概述

答辩一般分为公开答辩和小组答辩。以公开答辩为形式的院系中，有的学校、学院采用抽签确定名单，因此每位同学都要认真做好公开答辩的准备。公开答辩名单确定后，会通知相关同学，答辩顺序也可采用抽签确定。有的同学希望展示自己的成果，可以主动申请参加公开答辩。公开答辩是一个综合锻炼机会。

每个学院按专业不同，分若干公开答辩组。每组大约 20 位老师参加，同学们可以自由旁听或提问。答辩自述时间约 10 分钟。随后老师、同学提问，回答问题时间大约 5 分钟。

答辩的同学要事先邀请同学做好记录或录音，便于答辩后根据老师提出的要求修改论文。

5.2　答辩准备

毕业答辩离不开演示文稿，通常采用 PowerPoint。

1．选择模板

选择 PPT 模板时应进行一些艺术设计，或选用美观、适合答辩的模板，不宜过于花哨，不宜插入许多可有可无、炫目耀眼的动画效果。

可插入适当的与论文相关的图、表及动画，表现设计过程，体现演示文稿制作水平，如图 5-1 所示。不宜太过沉闷，如图 5-2 所示，白板一块，行距不一，文字堆叠。

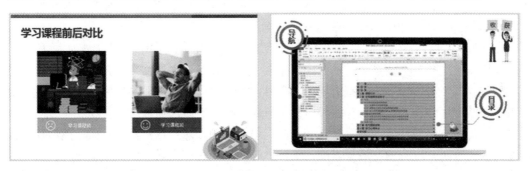

图 5-1　选用适当模板，插入与内容相关的图

图 5-2　没有任何背景呆板沉闷

如果模板背景与文字颜色比较接近，文字会不清晰，如图 5-3 所示。图中第 2 页使用了项目符号"◆"，又使用数字"一、二、三、四"编号，第 3 页只使用项目符号，整体不统一，应统一使用项目符号或数字编号。

图 5-3　模板与文字对比度欠佳，文字不清晰

选定模板后新建 PPT 文档，一定要按 2.1.1 节新建文档的方法进行适当命名，不然答辩时多媒体教学平台中大家的演示文稿都是"毕业答辩"，就无法辨认，下载的文档还可能被无意替换。

2．设计封面

封面应包含论文的题目、导师和自己的姓名等基本信息。论文题目要醒目，布局要合理。如果题目字数比较多，宜在适当位置换行。

结合论文内容插入相关图，如电气专业的学生可插入高压线铁塔等电气类标志性图，机械专业可插入齿轮、机床等图。

如果使用下载的模板，要对模板进行适当修改，加入学校、学院的标志。

毕业答辩是正式严肃的场合，不宜使用口语，如将"毕业设计"简化为"毕设"。

3．格式要求

按 1.2 节论文主体部分的相关规定，输入规范的物理量的单位和符号、数学符号、外文字母、数字、标点符号，布局合理美观。

按 2.4 节图、表、公式的相关规定，插入图、表、公式，布局合理美观。

由于答辩委员会成员中有的老师年纪较大，因此演示文稿文字不宜过小。标题字号一般选"44"号，内容文字宜大于"24"号，"黑体""加粗"后的投影效果较好。一个 PPT 文档中字体不宜过多，标题和内容各自采用统一字体。颜色也不宜过多。

为了统一标题样式、内容样式和动画，最简单的方法是认真做好一页，然后复制粘贴生成另一页，根据内容进行修改，这样标题样式、内容样式和动画均能统一。

图 5-4 中第 1 页演示文稿应取消目录灰色域底纹，（按 2.2.2 节显示域底纹中图 2-30

的方法，将"域底纹"设置为"不显示"）；第 2 页标题字数太多，一般不宜超过 1 行；第 3 页应将 CAD 插图按 2.4.1 节运用 CAD 软件绘制论文插图的方法将底色删除。

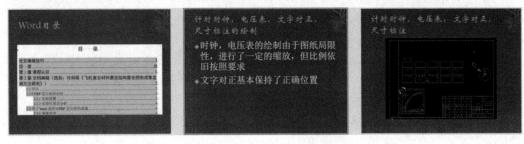

图 5-4　标题字数太多，插图底色过深

图 5-5 中文字太小，不易看清；文字太多，令人乏味。应将文字归纳整理，排列整齐有序，如图 5-6 所示。

图 5-5　文字过小，不易看清；文字太多，令人乏味

图 5-6　文字归纳整理，排列整齐有序

"项目符号"与"项目编号"只能取其一，不能重复使用。

图 5-2 中，使用了项目符号"·"，又重复使用项目编号"1，2，3"。编号"1，2，3"后跟下脚点"."，不应使用顿号。

图 5-3 中，使用了项目符号"◆"，又重复使用项目编号"一、二、三、四"。科技论文通常不用中文编号。

4. 精选内容

演示文稿最好按设计研究过程顺序播放，不宜时常跳转。过多的跳转会扰乱视觉，并给自己回答问题带来麻烦。

重要的细节可在演示文稿中呈现，如设计计算的结果等，体现设计研究的工作量。

演示文稿上的文字要精练，最好合辙押韵，字数统一，许多说明文字不必写出，口头补充即可。这样画面漂亮，有文化底蕴，还能展示口头表达能力。适当使用图、表格，说明研究过程中和数据、结果，清楚明了。

演示文稿不宜过长或过短，一般 20 页左右。过长，10 分钟时间根本无法完成自述；过短，不能充分展示完成的工作成果。

演示文稿内容信息应完整，如出现"附录 A"，应能说出"附录 A"的名称和大概内容。

不宜进行科普式详细讲解，因为听众是老师和同学，他们都是本专业的同行。

有的同学准备内容过多，事先未试讲，10 分钟快到时，听到老师提示，立即加快语速，连续单击鼠标，一个个画面一闪而过，根本无法达到传达信息的目的。某位老师在晋升职称的答辩中，没有合理安排时间，主要成果没有表述，时间已经用尽，错失晋升机会。

答辩中主要讲述自己完成的工作。有的学位论文由小组若干同学共同完成，答辩时要说明自己的主要任务，重点介绍自己完成的部分。如果没有说明，老师提问的问题不属于自己完成的部分，慌乱之中会把思路全部打乱，给老师留下这位同学大概没做什么，或者这位同学思路不清，连自己做的工作都说不清楚的印象。

答辩是发现问题的过程，不要心存侥幸，但也不用紧张过度。老师都是从学生过来的，一般不会故意刁难学生，提问是为了了解学生的学习研究情况，促进学生更好地提高改进。参加答辩后，还可以根据老师提出的整改意见进行整改，不过这时一般只能提高论文质量，不能提高成绩了。

演示文稿最后一般都有致谢。请注意，不宜写成"谢谢聆听，欢迎指正"。在多年工作、听报告、参加毕业答辩的过程中，有许多人不了解"聆听"的含意。有老师、专家、学者，当然还有学生，在他们演示文稿最后用"谢谢您的聆听"表达对大家的感谢，虽然有"您"，感觉很尊重，但"聆听"用得不合适。"聆听"是敬词，是下对上、自己对别人说，自己认真且恭敬地听对方讲话，表示对别人的尊敬，比如"聆听主席的教导"，如果自己对别人说："谢谢您的聆听"，就不合适，给人感觉自己多么正确、多么伟大，高高在上。

最后也不宜写"谢谢观赏"，"观赏"一般指对物的赏悦，比较表面的观看。总而言之，演示文稿是面向许多老师和同学的，一定要字斟句酌。

5. 计算机试机

如果想得到理想的成绩，一定要提前到答辩教室现场调试。使用不同计算机制作的演示文稿显示可能会有不同，有的计算机是宽屏，有的不是。版本不同显示也不同，一般教室多媒体教学平台的软件由主管部门提供，个人计算机如果版本不匹配，在教室就会打不开，这时要将版本另存为匹配的版本才能正常打开。

检查 PPT 的投影效果，教室投影仪使用频繁，容易老化，投影效果欠佳，这时要注意调整 PPT 的色调。

如果 PPT 配有插件，如 Flash 动画，先要把动画导出保存为.swf 格式，才能打开，不然必须安装 Flash 软件才能打开。

工科学生答辩中如果使用 CAD 等软件，也要事先试机，检查版本，如果教室计算机安装有还原卡，不能随意安装软件，应向主管老师申请安装，或将 CAD 图纸另存为 PDF 格式，参见 4.2 节。

如果需要使用比较特别的软件，可携带笔记本电脑。不过也要调试，检查教室投影仪接口与笔记本电脑是否配套，显示正常。

第一位答辩的同学，还要注意学习多媒体教学平台的使用方法，提前做好准备。

6. 试讲演练

因为每位同学的口头表达能力不同，有的同学在答辩前几乎没有在讲台上说过话，上台后会很紧张。为了顺利通过答辩，可以进行试讲，练习。

试讲前宜准备好 2 页 800 字左右的提纲，大字打印或手写。可包含自我介绍，选择此课题的原因、国内外研究现状；课题的具体内容，包含哪些主要章节，如何设计和实施研究过程，得出哪些实验数据和结论。如果是小组承担的课题，要介绍自己在课题中承担的具体工作和取得的成果。自述要突出重点、难点、创新点。最后可介绍个人心得体会，今后的展望等。熟悉提纲内容对从容完成答辩非常重要。

试讲和试机可同时进行。最好邀请同学录像计时，可以回放，检查并改进。如果不能在教室试讲，也可以自己试讲计时。注意一定要在规定时间内把重点、难点、创新点表达清楚。

试讲时同学录像要注意选择适当角度距离。如果使用相机录像，先要熟悉相机的使用方法，设置好相关参数。一般第一第二排为老师座位，录像同学宜在第三排以后，投影仪侧。

7. 正式答辩

抵达答辩现场之前，确保自己携带了所有必要的资料，如论文底稿、主要参考资料、答辩 PPT、纸笔等。

正式答辩一定不能迟到，应提前到达答辩教室。毕业答辩是人生一个值得纪念的时刻，当今社会技术先进，有便捷的方法保留这一时刻。录像同学要事先将设备充满电，确保有足够存储空间，在适当的位置全程录像。录像既是自己的美好回忆，也是给父母家人的一个回报，感谢家人为自己几十年的付出。

自我介绍时要面带微笑、举止大方、态度从容、礼貌得体、声音洪亮，好的开端是成功的一半。

然后按提纲思路完成自述，让老师和同学们对课题和自己完成的工作有全面的了解。讲解自己的工作情况要突出重点、难点、创新点，不宜涉及许多细节。实验结果数据要精练，尽可能用图、表表示，图、表的设计要确保其中文字清晰显示。

注意自述时不宜手持提纲，照本宣科，也不宜眼盯计算机，自言自语。

最后要有总结，可以谈个人心得，并对老师同学表示感谢。

小组答辩与公开要求一致，区别在于老师和同学的人数较少，一般老师 3～4 位，同学 20 位左右。

答辩小组成员老师一般会向学生提问。老师提问完毕，可以让学生独立准备 15～20 分钟再进行回答；也可能由主答辩老师提出问题后，学生立即作答，随问随答。学生在此时需要尽可能详细地记录问题，以便厘清思路，也为了应对其他老师插问，学生可以记录下所有问题，统一回答。

准备回答问题时，一般允许翻看自己的论文和有关参考资料，可在纸上把自己的回答思路列出提纲，避免出现答不上来的尴尬和慌乱。同时通过记录，可以缓解紧张心理，还能更好地理解老师提问的要害和实质。

8. 操作练习与思考

如何选择 PPT 演示文稿模板？

演示文稿封面应包含哪些内容？如何布局？

演示文稿的内容是越多越好吗？

为什么要试讲、试机、录像？

答辩时应注意什么？

5.3　答辩礼仪

5.3.1　答辩着装

毕业答辩是人生一个值得回忆的重要节点，一定要注意着装。答辩一般在五六月进行，南方地区天气已较热，不过现在许多教室设有空调。得体的着装可以向大家展露美好的形象，非常重要。即使天气较凉，也不宜穿带帽子的上装，帽子耷拉在肩上，显得不精神，录像不美观。

1. 男生

将头发认真洗净，梳理整齐。

男生可着深色西装，显得庄重，有礼貌；也可着浅色衬衫和深色西裤。注意衬衫扣子一定要扣到第二个，不能只扣到第三个，更不能敞开。还可着带领子袖子的 T 恤衫，扣子也要扣到只剩一个。一定不能穿短裤，无领汗衫，更不能穿不干不净，松松垮垮，皱皱巴巴的汗衫。

尽可能穿皮鞋，一定不能穿拖鞋。

如果某位同学穿着松松垮垮的汗衫、短裤和拖鞋，走上讲台，是对知识、对老师、对同学也是对自己的不尊重。

2. 女生

如果想得到一个好的造型，可以将头发认真打理一下，至少要将披肩发束理整齐，不然披头散发，影响操作计算机，影响整体美观。

可适当化淡妆，不宜浓妆艳抹。妆容应以淡色系为主，以"精神、朝气"为重点。在腮红、眼影、唇膏上采用亲切的粉红色、橘色等暖色调。化妆品的材质避免过于凸显个人特色的深色系，或过分闪亮的效果。尽量避免过多首饰喧宾夺主。

女生可着长裙，注意上衣必须有领子和袖子，或者参考男生的着装。

不宜着超短裙、无袖无领衫、拖鞋。

不论男生女生，都应注意站姿笔直，发型低调，面容干净，衣着清爽。保持自信和愉悦的精神状态。

5.3.2　答辩过程

首先要面对大家，面带微笑，简单问候，自我介绍，可以用开场白引入答辩。

答辩时应当克服紧张、不安、焦躁的情绪，尽可能面对老师和同学。充分调动自己的积极性，把最佳的精神状态和充满信心的研究成果展示给大家。

老师提问时要集中思想，注意听懂、听完整问题。由于答辩者在讲台上位置较高，可稍稍向前俯身，呈倾听状。不能东张西望，心不在焉。老师提问后要及时回应，如简单复述老师的问题，也可以对自己没听懂的部分，请老师再说一遍。不宜默不作声，毫无反应。

听清问题再回答，切忌未听明白就自以为是匆忙作答。准备好答案后，以流畅的语言和肯定的语气把自己的想法讲述出来，简明扼要，不拖泥带水。力求客观、全面和辩证。同时注意留有余地，对自己没有把握的地方不要把话说得太"满"、把话说"死"。对于较长的答案，追求层次分明，以一、二、三等条目来组织答案，体现思路清晰、逻辑性强。

答辩时不可强辩，如果要争辩，要注意语言得体，不能用冲撞的语气。有时老师对答辩学生的作答不太满意，还会进一步追问，以求了解学生是否真的弄清、掌握了这个问题。遇到这种情况，学生如果有把握讲清，就可申明理由进行答辩；如果不太有把握，可以试着审慎回答，能回答多少就回答多少，即使讲得不确切也不要紧。如果的确是自己没有搞清楚，应当实事求是，即使不会也要说明，并表示今后认真研究这个问题，不可强词夺理进行狡辩。学生应当明白，答辩委员一般是本学科的专家，自己被问住也很正常，专家有时只是希望看到学生对问题进行了思考，想听听学生的看法。任何研究都不是完美的，也有局限性。

在答辩过程中要注意自己的肢体语言、动作、表情。毕业答辩是一个严肃的过程，不宜表现出漫不经心的神情。注意抬头挺胸，举止得体。答辩学生应当把它看成向前辈师长讨教问题的好机会，尊重老师，尊重前人的研究成果。

注意语速。2019 年 5 月的一次答辩，一位女生平时非常认真，做了充分的准备，但是她说话实在太慢，给人感觉没有生气；另外一位男生与她形成鲜明对比，滔滔不绝，口头表达能力非常好，得到了不错的成绩。

注意音量。答辩是给大家听的，如果音量很小，大家都听不见，再好的成果也无法展示。如果教室有扩音设备，要事先学会使用。许多大学生缺乏公众演讲的经验，应首先在调整音量上多加练习，既不可过大，也不能太小。

最后要感谢老师和同学们的倾听，可鞠躬感谢。

5.4 毕业期间使用的各种照片

毕业答辩期间，可能会有各种表格需要填写，有的表格中要求粘贴照片。

1. 证件照

表格中粘贴的照片一般为证件照，与毕业相关的表格有可能存入档案，对个人来说是很重要的文件，一定要认真对待。

证件照背景一般有蓝、白、红三种，着深色西装，白色衬衫是经典之选。照相之前要充分休息，女生可适当化淡妆。头发清洗干净并梳理整齐，女生不宜披肩发，宜将额头、耳朵露出。

尽可能着单色上衣。不宜着带帽子，有不对称图案的上衣。条纹或方格上衣会使照片不对称。胸前有大块图案的上衣，在照片中图案只能显示部分，也不美观。

虽然只照头部，但还是要保证身体站直、挺胸、抬头，不然会出现双下巴。将眼镜抬高，为了防止反光可佩戴假眼镜。拍照前深吸一口气憋住，用舌头顶住上齿根部，下巴放松，睁大眼睛，微笑会更自然。

照片拍完后，自己认真观察一下，然后站在老师或领导的角度观察一下，是否也觉得满意。有的同学面无表情，有的同学好像在生气，还有的同学感觉跟别人有仇。这样的照片均不宜用在正式场合。

不宜用各种自拍照片，距离太近面部易变形，影响美观。

2. 学士照

学士服一般为深色，内着白色或浅色衬衫。男生可系领带，女生扎领结，要有领子。男生着深色长裤，女生着深色长裤或深、素色裙子。应着深色皮鞋，不宜穿凉鞋、运动鞋，不可穿拖鞋。

拍照当天，女生可带两双鞋，一双高跟鞋，一双平跟鞋。准备好防晒霜、墨镜、遮阳伞。墨镜、遮阳伞可当拍摄道具。

至少要有一张正装学士照，其余自由组合，会显得生动活泼。

参 考 文 献

[1] 国务院学位委员会办公室等. 学位论文编写规则：GB/T 7713.1—2006 [S]. 北京：中国标准出版社，2007.

[2] 何心一，徐桂荣. 古生物学教程 [M]. 北京：地质出版社，1993.

[3] 全国钢标准化技术委员会. 金属材料 布氏硬度试验 第1部分：试验方法：GB/T 231.1—2018[S]. 北京：中国标准出版社，2018.

[4] 中国标准化研究院等. 标准化工作导则：GB/T 1.1—2009 [S]. 北京：中国标准出版社，2009.

[5] 中华人民共和国地质矿产部. GB 958—1989 区域地质图图例[S]. 北京：中国标准出版社，1989.

[6] 人民教育出版社 课程教材研究所 化学课程教材研究开发中心. 化学（选修 3）物质结构与性质 [M]. 北京：人民教育出版社，2005.

[7] 中国高等学校自然科学学报编排规范修订工作小组. 中国高等学校自然科学学报编排规范 [S]. (2010-09-02).

[8] 全国量和单位标准化技术委员会. 有关量单位和符号的一般原则：GB 3101—93 [S]. 北京：中国标准出版社，1993.

[9] 全国量和单位标准化技术委员会. 物理化学和分子物理学的量和单位：GB 3102. 8—1993 [S]. 北京：中国标准出版社，1993.

[10] 全国量和单位标准化技术委员会第二分委员会. 电学和磁学的量和单位：GB 3102.5—1993[S]. 北京：中国标准出版社，1993.

[11] 全国量和单位标准化技术委员会. 国际单位制及其应用：GB 3100—1993 [S]. 北京：中国标准出版社，1993.

[12] 全国量和单位标准化技术委员会. 物理科学和技术中使用的数学符号：GB 3102. 11—1993[S]. 北京：中国标准出版社，1994.

[13] 全国焊接标准化技术委员会. 焊缝符号表示法：GB/T 324—2008 [S]. 北京：中国标准出版社，2008.

[14] 全国技术产品文件标准化技术委员会. 机械制图 尺寸注法：GB/T 4458.4—2003 [S]. 北京：中国标准出版社，2003.

[15] 全国技术制图标准化技术委员会. 技术制图 图样画法 剖视图和断面图：GB/T 17452—1998 [S]. 北京：中国标准出版社，1998.

[16] 全国技术产品文件标准化技术委员会. 机械制图 图样画法剖视图和类图：GB/T 4458.6—2002 [S]. 北京：中国标准出版社，2002.

[17] 全国产品尺寸和几何技术规范标准化技术委员会（SAC/TC240）. 产品几何技术规范（GPS） 表面结构 轮廓法 表面粗糙度参数及其数值：GB/T 1031—2009[S]. 北京：中国标准出版社，2009.

[18] 教育部语文文字信息管理司. 出版物上数字用法：GB/T 15835—2011 [S]. 北京：中国标准出版社，1995.

[19] 教育部语文文字信息管理司. 标点符号用法：GB/T 15834—2011 [S]. 北京：中国标准出版社，2012.

[20] 全国信息与文献标准化技术委员会第七分委员会. 文献的章节编号方法：CY/T 35—2001 [S]. 编

辑学报，2002，1：75-76．

[21] 全国量和单位标准化技术委员会．科学技术报告、学位论文和学术论文的编写格式：GB 7713—1987［S］．北京：中国标准出版社，1987．

[22] 全国信息与文献标准化技术委员会．科技报告编写规则：GB/T 7713.3—2009［S］．北京：中国标准出版社，2010．

[23] 全国信息与文献标准化技术委员会．信息与文献 参考文献著录规则：GB/T 7714—2015［S］．北京：中国标准出版社，2015．

[24] 吉根林，王必友．大学计算机教程［M］．北京：高等教育出版社，2015．

[25] 王必友．大学计算机实践教程［M］．北京：高等教育出版社，2015．

后　记

　　本书经过多年努力，终于完成。感谢清华大学出版社、南京师范大学教务处及电气与自动化工程学院各位老师和广大同学的认可。

　　回想六七年前，第一次将学位论文辅导演示文稿改编为讲义，多年来在南京师范大学电气与自动化工程学院受到广大同学的欢迎。为了回报同学们的信任，每次遇到新的问题，就查资料、想办法，努力解决，总结记录在讲义中。去年春天申请学校"博雅大讲堂"讲座得到批准。为了讲座的成功举办，鞠勇、祝雪妹、赵灵、吴薛红、曹弋、李枫、郑梅等老师指导修改讲稿，现场试讲，全程录像。在学院相关老师的大力宣传下，学生们踊跃参加，座无虚席。几天后还得到教务处督导常福辰老师鼓励，我又将讲义认真修改，拍摄配套视频，扩大受众学生，方便学生使用。

　　在大家的不断鼓励下，用了两个假期的时间，认真查阅资料并不断完善，配套视频《参考文献的自动编号》参加2019年江苏省高校微课教学比赛。视频拍摄正值盛夏，李晓惠、吴蓉蓉老师在百忙之中全程陪同，给予技术指导；祝雪妹、吴薛红老师不断提出修改意见；李雨宁、齐海庆同学积极参与，使微课获省二等奖。

　　在本书的编写过程中，得到了北京外国语大学霍然老师的鼎力支持，实现了文科、理工科专业结合，并在具有不同高校工作经历、拥有不同学术背景的教师们的携手合作下，优化了书稿的整体结构，充实了章节内容，扩大了受众学生，使之更适合年轻学子。

　　陈雪丽、闵富红老师对书稿进行了检查、润色。

　　最后要感谢我的先生，是他的全力支持，使我有充分的时间完成书稿的修改。

　　希望本书能抛砖引玉，为莘莘学子带来一些便利，使他们的学位论文更加规范，编辑速度更快，差错率更低，通过率更高。

　　尽管作者使用 Word 和 CAD 等软件已有十余年，给学生讲授编辑技术也有近十年，但总感觉自己只掌握了一点皮毛，还是初学者，对许多功能不熟悉，甚至从未听说。通过本书的编写，我们将经验认真总结梳理，不仅给学生提供了方便，也提高了自己对规范的认识，提高了软件应用能力。在今后的学习运用中，我们将不断充实内容，提高撰写质量。

姚　盈

2020年3月